「合格の法則」が
ここにある

面接の教科書

2026年度版

これさえあれば。

就職コンサルタント・キャリアデザイン研究所代表
坂本直文

はじめに

面接には「合格する法則」があります！

面接は、ちょっとした努力で結果が大きく変わります。
本書では、合格するための法則を徹底的に解説します。

本書の特徴① トップ内定者のノウハウが学べる！

面接で受かるためには、合格するための法則を知っておくことが極めて重要です。近年の採用試験は「面接重視」。たとえ有名大学の学生であっても、この法則を知らないと内定はとれません。

私は約20年間にわたり、全国90以上の大学で就職指導の講師を務め、面接で悩む7万人以上の学生を指導し、あらゆる業界の採用担当者から採用における合否の理由を取材してきました。

本書では、それらの知見と経験から導き出した「合格する法則」をすべて紹介します。トップ内定者の実例も数多く紹介し、面接で高評価を得られるノウハウをわかりやすく解説します。

本書の特徴② 面接官のホンネがわかる！

面接で受かるためには、面接官のホンネを知ることも重要です。さまざまな質問における面接官の意図、高評価・低評価を決めているポイント、また面接以外の場面でも人物評価を行っている事実も知っておく必要があります。

本書では、個人面接、集団面接、グループディスカッション、Web面接、人事面接、役員面接など、面接のタイプごとに面接官のホンネを紹介し、対応策を紹介します。また、よく出る質問や業界別の重要ポイント、目立った経験がないときの秘策もお伝えします。面接官の心情を理解すると、高評価を得る回答が可能になります。

本書の特徴③　OK例とNG例がわかる！

　面接で受かるためには、「OK例」と「NG例」を知っておくことが非常に重要です。面接では、「高評価になる回答」と「低評価になる回答」が明確にあります。それらを知らずに低評価になるNG回答をしてしまうと、失敗をしてしまいます。

　逆にいうと、OK例の本質をつかみ、面接官から高評価を得られる回答ができれば、大学の偏差値、知名度、場所、本人の学部・学科・性格にかかわらず、一流企業でも有名企業でも人気企業でも、自分が志望する企業の内定を獲得することができるのです。

　本書では、面接のタイプ別に「OK例」と「NG例」を多数紹介しています。先輩受験者たちの経験と反省から導き出されたこれらの例を活用して、第一志望の企業に合格しましょう。

本書の特徴④　Web面接で合格する極意がわかる！

　新型コロナウイルス感染拡大の影響で2020年以降、Web面接を導入する企業がとても増えています。一次面接だけWeb面接という企業もありますが、最終面接以外はすべてWeb面接という企業もあります。

　Web面接は、スクリーン越し、カメラ越しの対話になるため、通常の対面型の面接とは異なる重要なポイントがいくつもあります。対面型がオンラインに変わっただけだと考えていると、思わぬ場面で低評価になり、不合格になってしまいます。

　本書では、実際にWeb面接を行っている採用担当者のホンネを取材し、それをもとにWeb面接のマナーや注意事項を紹介します。

　本書で紹介しているノウハウは、誰もが簡単に実行できるものばかりです。すべて、あなたにもできます。面接の法則を理解し、実行すれば、内定を獲得できます。さあ面接対策を始めましょう！

CONTENTS

はじめに ………………………………………………………………………… 2

PART 1
Web 面接突破の極意 ……………………………………… 9

近年導入されている Web 面接とは？ ……………………………… 10

Web 面接で準備しておくべき環境 ………………………………… 12

対面面接とは違う！ Web 面接のマナーと注意事項 …………… 14

Web 面接で人より先をいくテクニック①
文章構成テクニック ………………………………………………… 20

Web 面接で人より先をいくテクニック②
証拠見せテクニック ………………………………………………… 22

Web 面接で人より先をいくテクニック③
アプリ活用テクニック ……………………………………………… 24

`column` 就活スケジュール管理 3 大ミス ……………………… 26

PART 2
面接の本質を見抜く！ ……………………………… 27

企業が面接を行う理由 ……………………………………………… 28

企業が求める人材とは ……………………………………………… 30

面接の流れ …………………………………………………………… 32

個人面接とは？ ……………………………………………………… 34

集団面接とは？ ……………………………………………………… 36

グループディスカッションとは？ ……………………………… 38

Web 面接とは？ ……………………………………………………… 40

人事面接・役員面接とは？ ……………………………………… 42

インターンシップの面接と本選考の面接の違い ……………… 44

雑談に見せかけた面接に要注意	46
面接の手応えがよくても落ちた！　なぜ!?	48
出身大学から採用実績ゼロの不利を覆すための方法	50
志望企業にOB・OGがいない不利を覆す方法	52
普段から企業の情報に目を配ろう！	54

PART3
面接時のマナー&心がまえ　57

たった3時間で人と差をつける！　企業研究①
面接で使える資料を探す　58

たった3時間で人と差をつける！　企業研究②
企業サイトのチェック　60

たった3時間で人と差をつける！　企業研究③
新聞記事を有効活用　62

これが正解！　面接の身だしなみ　64

超危険！　面接でありがちな4つの事前準備ミス　66

必携！　面接マナーチェックシート　68

面接時に知っておきたいテクニック①
よくある失敗から学ぶ6教訓　70

面接時に知っておきたいテクニック②
トップ内定者から学ぶ、緊張を解く方法　72

面接時に知っておきたいテクニック③
第一印象で好感度アップ　74

面接時に知っておきたいテクニック④
アイコンタクトはコミュニケーションの基本　76

ライバルと差をつける話術の基本①
面接官を名前で呼ぶ　78

ライバルと差をつける話術の基本②
大きな声で堂々と話す　80

ライバルと差をつける話術の基本③
感情を込めて話す＆ボディランゲージ ················ 82

エビデンスを重視して話を組み立てる①
志望理由で評価を高める方法 ·············· 84

エビデンスを重視して話を組み立てる②
自己PRで評価を高める方法 ·············· 86

ピンチを脱出する方法 ·············· 88

面接官の印象に残る逆質問とは？ ·············· 92

面接前後にできる評価アップ術 ·············· 96

面接直後にできる評価アップ策＆失敗リカバリー策 ·············· 100

面接に落ちたときの考え方と対処法 ·············· 102

column 第一志望の面接日程は後半に！ ·············· 104

PART**4**
面接別の対応策を準備しよう！ ·············· 105

個人面接の評価基準 ·············· 106

集団面接で重要な時間管理 ·············· 110

グループディスカッションで主導権を握るテクニック！ ·············· 114

話下手でもグループディスカッションに受かる！ ·············· 116

苦手なテーマはどう対処する？ ·············· 118

チームを乱す人への対処法 ·············· 120

グループディスカッションのテーマの傾向と実例 ·············· 122

役員面接で評価をあげる！ ·············· 126

最終面接で自分の熱意を具体的にアピールする ·············· 128

圧迫面接の意図と対処方法 ·············· 130

面接後のお礼の仕方 ·············· 132

column グループディスカッションは書記役が中心!? ·············· 134

PART 5
よく出る質問項目と考え方 ················· 135

Q 自己紹介をしてください ······························· 136
Q 志望動機はなんですか？ ···························· 138
Q アルバイトをしていますか？ ····················· 140
Q この職種を志望する理由はなんですか？ ··········· 142
Q 学生時代に打ち込んだことはなんですか？ ········· 144
Q ゼミはなんですか？ ································· 146
Q ほかにどのような会社を受けていますか？ ········· 148
Q 第一志望はどこですか？ ···························· 150
Q あなたの強みはなんですか？ ····················· 152
Q あなたの弱みや短所はなんですか？ ··············· 154
Q 最近気になるニュースはなんですか？ ············· 156
Q 挫折や失敗の経験を教えてください ··············· 158
Q 集団のなかであなたはどんな役割ですか？ ········· 160
Q 今までで一番うれしかったことはなんですか？ ····· 162
Q 当社が不採用だったらどうしますか？ ············· 164
Q 当社の短所はなんだと思いますか？ ··············· 166
Q 他社の進行状況を教えてください ················· 168
Q 将来のキャリアについてどのように考えていますか？ ··· 170
Q 最後になにかアピールしておきたいことは？ ······· 172
業界別傾向と対策① マスコミ ······················· 174
業界別傾向と対策② 銀行 ··························· 176
業界別傾向と対策③ 商社 ··························· 178
業界別傾向と対策④ 化粧品 ························· 180
業界別傾向と対策⑤ 食品 ··························· 182
業界別傾向と対策⑥ 保険 ··························· 184
業界別傾向と対策⑦ 航空 ··························· 186

業界別傾向と対策⑧ 旅行 ……………………………………………… 188

IT・ソフトウェア業界の頻出質問リスト ………………………… 190

メーカー業界の頻出質問リスト …………………………………… 191

教育業界の頻出質問リスト ………………………………………… 192

ブライダル業界の頻出質問リスト ………………………………… 193

住宅業界の頻出質問リスト ………………………………………… 194

企業選びで一番大切なことは？ …………………………………… 195

column ライバル企業のインターンシップ、セミナー、

職場訪問はメリット大 ……………………………………… 196

PART**6**
目立った経験がないときの自己 PR の秘策 …197

長続きした経験がない… ……………………………………………… 198

スポーツに励んでも成績が今ひとつ… …………………………… 200

いつも主役でなく脇役だったけど… ……………………………… 202

学業の成績があまりよくない… …………………………………… 204

大学受験に失敗！ 浪人したけど… ……………………………… 206

留年経験があるのでとても不安… ………………………………… 208

習い事も小学生の頃くらいしか… ………………………………… 210

今の就活を長所に① 店舗見学・工場見学 ……………………… 212

今の就活を長所に② 新聞の活用 ………………………………… 214

今の就活を長所に③ Web サイトの活用 ………………………… 216

今日から始める自己 PR 法 ………………………………………… 218

おわりに ………………………………………………………………… 222

PART

1

Web面接突破の極意

新型コロナウイルス感染拡大の影響で急増したのが、

オンライン上で行われる Web 面接。

もはや、就活生にとって、内定をとるためには

避けては通れない面接になっています。

対策をきちんと立てることで、

ライバル就活生と圧倒的な差をつけることができます。

PART
1

Web面接突破の極意

近年導入されているWeb面接とは?

2020年以降の就活における最も大きな変化はWeb面接の
増加です。まずは大事なポイントを確認しましょう。

● 新型コロナウイルスの影響で急激に増加

2020年の2月以降、新型コロナウイルス感染拡大の影響で、オンライン上で行われる「Web面接」を導入する企業が急激に増えました。企業によって使うシステムや実施回数は異なりますが、役員面接・最終面接については対面で行う企業のほうが、現状は多いようです。

今後、対面面接が完全になくなることはないでしょうが、就活生にとってはWeb面接対策をきちんとすることが、ほかのライバル就活生と差をつける大きな武器になります。

なお、実際の面接だけでなくインターンシップもオンラインで行う企業が増えています。オンラインであれば、開催地が住んでいる場所から離れていても参加できるので、積極的に参加するといいでしょう。

● 実はWeb面接だった……というケースに要注意

Web面接は一次だけ、もしくは一次と二次がWeb面接で、それ以降は対面型の面接という企業が一般的ですが、最終面接以外はWeb面接という企業やすべてWeb面接という企業もあります。

ただし、Web面接とはいわれなくても、実質的にはWeb面接というケースもあるので要注意です。Web上で行われる「社員への質問会」「OB訪問」「社員との交流会」「社員との座談会」「社員との面談」は、採用には関係ありませんという但し書きがあったとしても、それが人事の開催するイベント（交流会）の場合は、人物評価

が行われ、実質的には「Web面接」であることがあります。

◉ 今やWeb面接を突破しなければ内定はとれない

　現在の就職試験における Web 面接対策は、非常に重要性が高いです。Web 面接の関門を突破しなくては、内定をとることはできません。Web 面接は、対面型の面接が Web 面接に変わっただけだと誤解している人がほとんどですが、これが落とし穴です。

　実は Web 面接と対面面接では、**好印象なコミュニケーションや情報伝達の作法が大きく違う**のです。対面型の面接で注意すべき服装や話し方、基本的なマナー以外にも、Web 面接ではさらに多くの注意すべきポイントがあり、それが人物評価にストレートにつながってきます。**なにも知らないと、確実に失敗をしてしまいます。**

　面接官から高評価を得るためには、本 PART で紹介していく Web 面接の基本マナーや NG 行為、注意事項、人より先をいくテクニックなどを把握して、しっかりと実行していきましょう。

Zoomの使用にあたっての注意点

❶最新版にアップデートしておくこと

　最新版でないと一部の機能が使えなかったり、接続時に不具合が起こることがあります。

❷表示される氏名をきちんと入力すること

　面接時にニックネームが表示されたら失礼です。接続前に氏名の表記を確認しましょう。

❸挙手ボタンの使用になれておくこと

　Web 集団面接や Web 説明会、Web インターンシップでは、挙手ボタンの使用がよくあります。

❹画面共有機能の使用に慣れておくこと

　Web インターンシップ、Web グループワークの際に、画面共有機能を使用することがあります。

11

PART
1
Web面接突破の極意

Web面接で準備しておくべき環境

Web面接では、カメラの位置や解像度、マイクの性能、
背景、周囲の音が重要です。大事なポイントを解説します。

●カメラの解像度やマイクの性能に注意

Web面接は、パソコン、スマホ、タブレットがあれば受験できます。ただし、どの機材を使うにせよ、**カメラの解像度やマイクの性能は確認**しておきましょう。旧型のパソコンやスマホは、カメラやマイクの性能が低く、明瞭な映像や音声を届けられない場合があります。友人などと動画通話をして事前に試しておきましょう。

また、スマホを使用する場合は、面接中にグラグラしないように固定しておくことが重要です。マイク付きイヤホンを接続して使用する場合は倒れやすいので、置き方には特に気をつけましょう。

●カメラの据え付け位置は最も重要

Web面接で重要なのは、どのツールを使うかよりも**カメラの据え付け位置**です。特に高さが重要で、パソコンやスマホなどは下に台を置いて目線とカメラの位置が同じくらいの高さになるようにします。台がない場合は、本を積み重ねて台の代わりにしてもよいでしょう。

また、パソコンはカメラの位置が正面にあります。スマホを縦に使う場合もカメラの位置は正面になるので、自然な目線になります。しかし、スマホを横にして使う場合はカメラの位置も横になるため、不自然な目線になります。画面を見たときに**不自然な目線にならないか**、セルフ撮影モードで自分を映して確認しておきましょう。

● 背景と周囲の音に注意

Web面接は、**面接を受ける場所**も重要です。背景は特に注意しましょう。だらしなく見える背景は厳禁。部屋が汚れていたり、趣味的なポスターやコレクションが並んでいたりするのは好ましくありません。

また、**周囲の音や声にも要注意**です。Web面接中に面接の雰囲気を壊すような音や声が入ってくると印象を悪くする可能性が高いです。したがって、人の笑い声や話し声、音楽、テレビの音、ゲームの音などが入らない場所を選ぶことは極めて重要です。Web面接の時間帯には、友人や家族からの電話や訪問、声かけ等がないよう、周囲の協力を取り付けておきましょう。

● バーチャル背景はOK？　NG？

Zoomなどのアプリケーションには、背景をカスタマイズできる「バーチャル背景」という機能があります。こうした背景を使うのは、**基本的にはおすすめできません**。これには3つの理由があります。

◎ライバル就活生と比較された場合、整理整頓された背景を映している学生のほうが印象がよくなる
◎雑然とした部屋を隠していると誤解されるリスクがある
◎バーチャル背景を使うと、フリップや写真を使用する伝え方がうまくできない（バーチャル背景はフリップや写真を消してしまう）

バーチャル背景を使っても印象が悪くならない場合とは、合理的な理由があるときです。たとえば、大学のキャリアセンター（就職課）の部屋でWeb面接を受け、**他の学生たちが映り込んでしまうなど**です。ただし、その場合でも面接の冒頭でバーチャル背景を使用している事情を面接官に伝えましょう。

13

PART 1

Web面接突破の極意

対面面接とは違う！
Web面接のマナーと注意事項

Web面接は、対面面接とは異なる評価ポイントがあります。
面接官から聞いたホンネと20の注意事項を紹介します。

●①「回線がつながったのにずっと黙っている。無愛想。挨拶がない」

Web面接では、**回線がつながった瞬間の挙動が第一印象**になります。回線がつながっても無表情で黙っている受験者が多くいますが、待ちの姿勢はNGです。回線がつながった瞬間からカメラのレンズをしっかり見て、自分から笑顔でハキハキ挨拶しましょう。

●②「目力がない。気持ちが入ってない。キョロキョロしている」

Web面接では、相手の顔が映ったスクリーンを見るべきか、カメラのレンズを見るべきか迷っていると、目力が弱くなります。面接官の話を聞くときは、スクリーンのなかの相手の顔（目、表情）を見て、なにを伝えたいのか、どんな心理かを感じとることが大事です。逆に面接官に対して話すときは、**カメラのレンズをしっかり見て**、気持ちを込めて話しましょう。

●③「声が小さくて、元気がない。覇気がない」

Web面接では、マイクを通して声が伝わるので、**元気のない小さな声に聞こえてしまう**ことがよくあります。口を大きく開け、大きな声でハッキリ発声することが大切です。また、マイクがきちんと機能するかも、Zoom、Google Meet、Skypeなどのアプリの動画通話を友人と行って、事前に確認しておきましょう。

14

④「姿勢が悪い。最初はよくても、次第に悪くなる」

　Web面接では、目の位置よりもカメラが下になることが多く、下向きで面接を受けることになるので、姿勢が悪くなりがちです。意識的によい姿勢を保つように努力しましょう。スクリーン上の**自分の姿勢を時々チェックする**ことが大切です。

⑤「カメラの映り、または音声が悪すぎる。準備不足を感じて、印象は悪くなる」

　カメラやマイクの性能が極端に悪いと印象が悪くなり、評価が大きく下がります。カメラの性能だけでなく、**レンズが汚れている**場合も映りが悪くなります。Web面接前に使用する機材（パソコン、スマホ等）のレンズが汚れていないかを確認し、きれいにしてから面接に臨みましょう。

⑥「Web面接の真っ最中に、スマホのメッセージ音や着信音が何度も鳴る。準備が甘く感じられてしまう」

　Web面接でパソコンを使用する場合は、スマホの音が鳴らないモードにしておくことをつい忘れがちです。Web面接でパソコンを使うときは、事前にスマホを**サイレントモードやマナーモードにしておくこと**を忘れないようにしましょう。

⑦「家なので気合不十分なのか、身だしなみが整っていない」

　Web面接を自宅で受ける場合は、身だしなみが甘くなりがちです。オンラインでの面接であっても、**通常の対面面接を受けるつもり**で、服装、髪型などの身だしなみはしっかり整えましょう。

● ⑧「家なので気合不十分なのか、髪の毛のまとめ方が緩い。髪を触りながら話す」

多くの受験者が目の位置よりも下にカメラをセットします。すると下向きで面接を受けることになり、髪型や髪のセットが甘いと、**面接中に前髪が額や目のところに垂れてきます。** これは面接官の印象を大きく害します。厳重に整えたうえで、髪が垂れないように、**目の位置とカメラの位置が水平になるよう**合わせておきましょう。

● ⑨「カメラが顔よりも低すぎる位置で、下から見上げるような顔の画面で、不自然だった」

Web面接では、カメラの位置が目の位置よりも上下、左右の方向にずれすぎていると不自然な顔で相手に送信されます。事前に家族や友人とZoom等で会話をして、**顔が自然な形で映るカメラの位置**を確認しておきましょう。

● ⑩「質問に対して『はい』『いいえ』しか言わない」

Web面接は、モニター越しの会話になるので、気持ちが伝わりにくいという欠点があります。「はい」「いいえ」しか言わない返答は、面接官に大変そっけない印象を与えます。「はい」「いいえ」の理由についても、**対面型の面接以上に気持ちを込めて**しっかりと話しましょう。

● ⑪「話し方が淡々としている。平坦な話し方・気持ちがこもっていない。熱意が感じられない」

Web面接は、モニター越しの会話なので、ずっと同じトーンで抑揚や強調のない話し方だと気持ちや熱意を感じてもらえなくなってしまいます。**強調したい部分は大きな声で話す**、身振り手振りなど、**ジェスチャーを交えて情熱を込めて話す**などの工夫が重要です。

⑫「私たち面接官が当社の強みを伝えているときの反応が薄く、当社に興味がないように感じた」

　面接官は、志望度が高い受験者ならば自社の強みの話をすれば目を輝かせ、大きく頷きながら聞き入るといったリアクションを期待しています。こういったリアクションがないと、志望度が低いと感じ、採用意欲が減退します。面接官が企業の強みを PR してきたら、**オーバー気味にリアクションをする**ことが重要です。カメラのレンズをしっかり見て、目を輝かせ、大きく頷きながら聞く。大きめの声でポジティブな感想を述べる。積極的に質問する。Web 面接では、大きめのリアクションが高評価を得る秘訣です。

⑬「緊張をほぐしてあげようと、笑顔で話しかけているのに、ずっと硬い表情のまま」

　Web 面接では、面接官の表情や気持ちも伝わりにくいため、相手の表情や気持ちを注意深く感じとる努力が大切です。面接官は、自分が笑顔で話しかけているのに受験者が笑顔で返答してこないと、受験者の**コミュニケーション能力不足を疑う**ことがあります。

　面接官が笑顔で話しかけてきたら、お互いに笑顔で会話することのサインと受け止め、笑顔で返答をすることを心掛けましょう。

⑭「所々に雑談を入れて明るい面接にしようとしたが、ずっと事務的な返答の仕方だった」

　⑬と同様に、**面接官が雑談を交えてきたら**「笑顔で楽しく会話しましょう」というサインです。面接官が雑談を交えた会話をしてきたら、笑顔で会話するタイプの面接のサインと受け止め、笑顔で返答することを心掛けましょう。これもコミュニケーション能力を高評価される重要なポイントです。

⑮「Web面接中に、人が歩く音やトイレを流す音が聞こえた。部屋に友人がいたようだった」

パソコンやスマホのマイク、イヤホン等は、周囲の音を拾うため、人の気配がわかることがあります。注意しましょう。Web面接を自宅で受ける場合は、部屋には自分1人だけの状態にしておきましょう。1人になるのが難しい場合は、Web面接の冒頭にその旨を伝えましょう。家庭の事情や寮でルームシェアをしているなど**合理的な理由であれば、マイナス評価をされることはありません。**大学のキャリアセンターで受ける場合も、ほかにWeb面接を受けている学生がいたら最初に伝えておきましょう。

Web面接時に使用するアプリケーションに「周囲の雑音を抑制する機能」がついている場合は、ぜひ活用してください。

⑯「部屋が暗すぎる、または明るすぎて顔が見えない。受験者の表情がわからず対応に苦慮した」

部屋が暗い、または逆光のため、顔が見えない状態になっていることがあります。Web面接は、ただでさえ対面の面接よりもニュアンスが伝わりづらいので、デスクライトなどを用意して顔に適度な照明をあてて、明るく見えるようにしましょう。

⑰「Web面接中、音声がしばらく聞こえなくなった際、画面を見ているだけでなんの対応もしなかった」

Web面接では、回線の不具合で急に音声が聞こえなくなることや映像が乱れることがあります。これは面接官側と受験者側のどちらか片方だけに起きる場合と、両方同時に起きる場合があります。回線に不具合が生じてコミュニケーションがスムーズにとれなくなったときには、そのまま何もせずただ傍観しているのではなく、**チャットボックスに状況を説明する文章を入力**しましょう。傍観し

ているだけだと、危機対応力や臨機応変な行動がとれない人と見なされ、評価が大きく下がります。

⑱「Web面接中にスマホにきたメッセージをチラッ、チラッと見る姿に志望度の低さを感じた」

Web面接では、面接官は受験者の挙動をモニター越しに目を皿のようにして観察しています。**面接試験と関係ないことをしている**と、評価が下がるので要注意です。スマホにきたメッセージをチラチラ見るのは厳禁。面接に必要な資料やデータ等を見るために、スマホや手元の資料等に目がいくのならば、そのことを伝えましょう。そうすれば、評価が下がることはありません。

⑲「スマホ(タブレット)がなにかの拍子で動き、汚い部屋が見えてしまった」

Web面接では、カメラの方向が変わらないようにしっかりと**固定しておく**ことが大切です。マイク付きイヤホンを使う場合は、手をひっかけてカメラの向きが変わり、部屋の様子を見られてしまうことがあります。万が一、部屋が映ってしまっても大丈夫なように、**きちんと片付けておく**ことが大切です。

⑳「背景に汚れた壁やアイドルやアニメのポスターが貼ってあるのが見えた。本棚が雑然としていた」

Web面接では、**部屋の様子がずっと相手に見えています**。自分のパソコンやスマホの小さな画面では見えなくても、面接官側のパソコンの大画面ではクッキリ見えてしまうことがあります。背景には、面接の場にふさわしくないものが映らないように注意しましょう。本棚や机の上もきちんと整理しておくことが大切です。ほかにも、洗濯物、ゴミ箱、空き缶、マンガ、雑然としたベッドなどが映っていると、評価が下がることがあるので注意しましょう。

PART
1
Web面接突破の極意

Web面接で人より先をいくテクニック①
文章構成テクニック

Web面接では、対面面接とは異なる対策が必要です。
高評価を得る**話し方**のテクニックをお伝えします。

● 結論ファースト：「結論→説明」で話す

　Web面接は、カメラ越し、スクリーン越しの会話という制約があるため、身振りや手振りなどのジェスチャーで相手にわかりやすく伝えるということが困難な場合があります。そのため、話し方そのものをわかりやすくする必要があります。

　そこで大切なのが、「結論ファースト」。Web面接では**「結論→説明」という順番で話す**ことを徹底しましょう。これは対面型の面接でも大事なことですが、Web面接ではより重要です。

　カメラ越し、スクリーン越しの会話では、複雑な文章構成の話し方だと、言いたいことが面接官に伝わりにくくなります。話す内容を整理し、**文章そのものをわかりやすい構成に**しましょう。

> 例：「あなたの強みはなんですか」と質問されたら、
> まず結論→「私の強みは……です」
> 次に説明→「理由は……です」

● 結論ファーストの3つのメリット

　結論ファーストの基本パターンは、質問をされたら「はい、○○です」と結論を先に伝えてから「理由は○○です」「きっかけは○○です」と、論理構造がわかりやすい言い方で返答することです。この話法には、以下の3つメリットがあります。

20

❶内容がわかりやすくなり、スクリーン越しでも面接官に伝わる。
❷単純なコツなので実行が簡単。
❸内容を整理しながら話せるので頭が混乱しなくなる。

●チャットボックス書き：結論を視覚的に強調する

　Zoom などの Web 会議アプリケーションには、相手にチャットメッセージを送ることができる機能があります。Web 面接では「結論ファースト」との合わせ技で、チャットボックスに「結論」を書いて、**伝えたいことを視覚的に強調**しましょう。

　「チャットボックス書き」は、結論が相手の心に突き刺さるように重要なポイントを強調できるので、ここぞというときに使うと大変効果的なテクニックです。質問に対する「結論」を端的にチャットボックスに書き、よりわかりやすく伝えましょう。

●チャットボックス書きの注意点

　重要なのは、必ず**端的に「結論」を書く**ことです。文章が長くて「結論」がわかりにくくては高評価を得られません。また、強調するほどの内容でなかったり、書くのに時間を要したり、使用頻度が高いとむしろ評価は下がるので注意しましょう。

チャットボックスの例

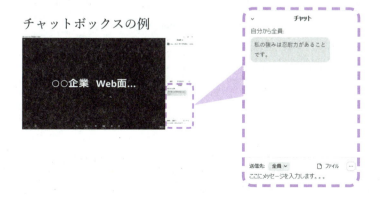

PART 1 Web面接突破の極意

Web面接で人より先をいくテクニック②
証拠見せテクニック

Web面接では、対面面接とは異なる対策が必要です。
高評価を得る**見せ方**のテクニックをお伝えします。

●伝えたいことを端的に証明できるものを見せる！

　Web面接では、カメラ越し、スクリーン越しで会話をするという制約があるため、対面型の面接以上にわかりやすいアピールを心掛ける必要があります。そこで、フリップ、写真、実物、新聞など、伝えたいポイントを端的に証明できるものを活用しましょう。

　Web面接では、「正確に伝える」「着実に伝える」「説得力を高める」ための工夫が重要です。以下の4種類の〝証拠見せテクニック〟を駆使し、アピール力を高めれば、高評価を得ることができます。

テクニック①：フリップ見せ

　フリップ（紙、ノート、スケッチブック、ボード等）にアピールポイントを端的に書いたものを用意しておき、説明の際に見せましょう。

　画面上だとフリップの文字が見えにくいことがあるので、強調したい部分は違う色を使うのがおすすめです。視覚的にも面接官の印象に残りやすくなります。

テクニック②：写真見せ

自己PRの内容が端的に伝わる写真をあらかじめ用意しておき、説明の際に見せましょう。

あまりごちゃごちゃしすぎた写真だと、どういった写真なのか面接官に伝わりにくくなります。写真はなるべく自分が目立つ写真にしましょう。

テクニック③：実物見せ

自己PRの内容が端的に伝わる実物を見せます。たとえば、学園祭のポスターづくりをPRするなら、ポスターの実物を画面越しに見せましょう。

実物として提示する物は、大会でもらった賞状や一生懸命取り組んだレポートなどでもOK。アピールできるものを探してみましょう。

テクニック④：新聞記事見せ

志望理由や自己PR内容の説得力が高まる新聞記事を見せます。たとえば、取り組みたい業務に関する新聞記事を画面越しに見せましょう。

どの記事を指し示しているかわかるように、マーカーなどをつかって目立たせる、もしくは切り抜いた記事を見せるといった工夫も大事です。

PART
1

Web面接突破の極意

Web面接で人より先をいくテクニック③
アプリ活用テクニック

Web面接では、対面面接とは異なる対策が必要です。
高評価を得る**アプリ活用**テクニックをお伝えします。

● Web会議アプリケーションの資料提示機能を活用する

　Web面接では、対面型面接ではできないアピール方法が可能です。自己PRする内容をWeb会議アプリケーションの「資料提示機能」を使うと効果的に伝えることができます。

　Web面接の前日までに、自己PRの内容を端的に証明する資料をパワーポイントやワードなどで作成し、あらかじめパソコンに保存しておきましょう。Web面接の本番では、自己PRの際に資料提示機能を使用してよいかの許可をとり、許可されたら、その資料を画面共有し、**アピール内容の証拠として面接官に提示する**のです。

● 重要ポイントは、10〜20秒くらいで伝えられる程度の内容

　資料作成の注意点は、**10〜20秒くらいで伝えられる程度の内容**にしておくことです。文章が長すぎたり、情報が多すぎたりするのはNGです。**パッと見て、すぐにわかる**ことが第一です。

　資料提示機能を使って伝えるほどの内容ではなかったり、わかりにくい資料だったり、長い時間を要したり、使いすぎたりすると、むしろ評価が下がるでしょう。

　資料提示機能の使用を許可されなかった、あるいは機能に不具合が起きた、資料提示機能がついてないなどに備えて、同じ内容のフリップや写真、実物などを見せる用意もしておきましょう。

●例：Zoomで資料提示機能を活用する

　実際にどのように活用すればいいのか、Web面接で使用されることが多いWeb会議アプリケーション「Zoom」を例に説明します。

　Zoomでは、ミーティング参加者に見せたい資料を**「画面共有」という機能を使って見せることができます。**プレゼンテーションスライド、画像、文書、映像など、ファイル形式を問わず、簡単な操作で通信相手に見せることができます。Web面接では、面接官に見てもらいたい自己PRの資料をあらかじめ開いておき、次の手順で「画面共有」しましょう。

1. 画面下にあるアイコン一覧から【画面共有】をクリックします。

アイコン一覧から【画面共有】をクリック

2. 共有できるアプリやウィンドウ一覧が出てくるので、共有したいものを選び、「共有」を押すと画面共有ができます。

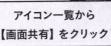

アイコン一覧から【画面共有】をクリック

3. 終了するときは「共有の停止」を押すと元の画面に戻ります。

column

就活スケジュール管理3大ミス

就活中は、説明会や面接が毎日のように続きます。
スケジュール管理でよくある3大ミスを紹介します。

●要注意！　スケジュール管理３大ミス
①ダブルブッキング
　同じ日時に説明会や面接の予定を入れてしまう
②移動時間の余裕なし
　移動時間を考えず複数の予定を入れてしまうと、最初の説
明会や面接が少しでも長引くと次の予定に遅刻してしまう
③書き忘れ・書き間違い
　説明会や面接のスケジュールは決まったときにすぐに書き
とらないと、書き忘れたり、日時などを書き間違えたりする
ことがある

●スケジュール管理の注意点
　説明会やセミナーをたくさん受けたり、多くの企業から面
接に呼び出されるのはうれしいものですが、スケジュール管
理をしっかりしないと上記の３大ミスが生じます。以下の３
点に注意しましょう。
1. スケジュール管理手帳を用意し、その場で必ずメモをする
2. 移動がある場合は、時間に余裕をもたせる
3. 埋まりにくい時間（早朝や夜）から埋めていく。埋まり
　やすい時間（昼間）は、第一志望群の企業のためにとっ
　ておく

PART

2

面接の本質を見抜く!

Web面接を実施する企業が増えていますが、

Web面接でも対面面接でも、その本質は同じ。

面接官はいかに受験者が、会社に貢献できるかを

見ているのです。

面接の流れと基本を理解しましょう。

PART
2

面接の本質を見抜く！

企業が面接を行う理由

就職活動では、なぜ面接が行われるのでしょうか。
その理由を理解することが内定への第一歩です。

● 採用は人物重視。人気企業でも受かる時代に

　一流大学の学歴や特別な実績がないと、有名企業や人気企業の内定はとれない。あなたはそんなふうに思っていませんか。それは大きな誤解です。大学の偏差値と就活の結果は関係ありません。

　企業の採用試験が「学歴重視」だったのは昔の話です。今は「人物重視」の時代。知名度が低い大学からでも、大手テレビ局、新聞社、シンクタンクなどの就職人気ランキング上位の超難関企業に受かる人が多く、大学の知名度や偏差値、学部、学歴にかかわらず、人気企業の内定がとれる時代になっているのです。

　なぜなら、企業が即戦力を求めているからです。学歴よりも自社に貢献してくれる人、利益をもたらしてくれる人、成果を上げてくれる人を採用したい。そういう傾向に変わってきたのです。

● 面接は、受験者の人柄・能力・志望熱意を見極める場

　だからこそ、企業が最も重要視しているのは面接です。人物の本質は実際に会って話をしてみないとわかりません。エントリーシートや履歴書だけでは判断できない受験者の「素」の部分や「志望熱意」の高さを確かめるために、企業は面接を行っています。

　たった1人の採用であっても、企業は年間数百万円から数千万円の投資をしています。それだけ採用活動に力を入れているのですから、企業の面接に対する姿勢は真剣そのものです。面接という短い

時間で、受験者の人柄や能力、素質、成長性を把握し、志望熱意を測り、「この人だ！」という人物を見極めようとします。

受験者にとって、これはチャンスです。面接というハードルさえクリアすれば、有名企業や人気企業の内定をとることができるのです。

●面接には受かるノウハウがある

私は約20年間にわたり、全国90以上の大学で就職指導担当の講師を務め、面接で悩む7万人以上の学生を指導してきました。そして、企業側の採用活動も行い、大学の偏差値、知名度、場所、本人の学部・学科・性格にかかわらず、一流企業・有名企業・人気企業の内定が獲得できるノウハウに精通するようになりました。

高評価を得る内定者には、共通する傾向や陰の努力があります。これらは決して特別なものではなく、**誰もが実行できることばかり**です。内定を獲得できる人・できない人の違いは、これらのノウハウを知っているかどうか、そして実行するかどうかにあります。

> ### 個人の努力次第で
> ### 高評価を得る方法はいくらでもある

本書は、トップ内定者が実行してきた面接対策のノウハウをあますことなく紹介しています。受験者が就職試験で不利になると思っている要素として、以下の5つがよく挙げられます。

- 普通の学生で自己PRできるような立派なことはなにもしていない
- 留年している
- 学部、学科、専攻内容が志望企業の職種と大きく異なる
- 志望企業に大学の先輩が受かっていない
- 資格をなにももっていない

たとえこのような不利な要素があったとしても、面接で高評価を得られる方法はいくつもあり、内定を獲得した受験者が多くいます。現在の就活は努力次第でいくらでも不利を覆せるのです。こんなよい時代に努力しないなんて、もったいないと思いませんか。

29

PART
2

面接の本質を見抜く！

企業が求める人材とは

企業が求める人材は、どの業界でも共通しています。
採用試験で重視されているポイントは、以下の4つです。

①対人コミュニケーション能力

仕事とは、1人でするものではありません。企業の仕事は、どんな業界でも必ず組織で動くため、**対人コミュニケーション能力は業界・職種・企業に関係なくマストスキル**とされています。

採用担当者は、個人面接をはじめ、集団面接、グループディスカッション、会社見学など、採用活動におけるあらゆるシチュエーションで受験者のコミュニケーション能力をチェックしています。

これは逆に、それだけたくさんのチャンスがあるということです。これらのすべての場面で対人コミュニケーション能力の高さを示すことができれば高い評価を得て、一気に内定に近づけます。

本書は、PART 3から面接における対人コミュニケーション能力を高める方法を詳しく解説していきます。ぜひ参考にしてください。

②誠実さ・信頼感

誠実であること、信頼できる人物であること。これもあらゆる企業に共通する重要なポイントです。企業は、社会や顧客の信頼の上に成り立っています。信頼をなくしたら自社の商品やサービスは利用されなくなり、収益も取引先も失います。信頼を失うことは、企業にとって死を意味しています。

だからこそ企業は、**社員にも誠実さや信頼感を求めています**。たった1人の不誠実な社員の言動によって、企業が倒産することもあり

30

ます。信頼できない人物とは、誰も一緒に働きたくないのです。

　受験者が誠実であるか、信頼できる人物であるか。採用担当者は、この点に注目して面接を行います。**面接時の嘘やごまかしは NG**。誠実な態度で、信頼を得られる発言をしていきましょう。

●③行動力

　企業が全国のさまざまな大学・学部の学生を採用する傾向が 10 年以上前から強くなってきています。それは企業が重視するのが「**大学名」ではなく人物の「行動力」に変わった**からです。有名大学の学生も採用しますが、それは大学名ではなく、その人の行動力が高かったからです。

　たとえば、志望企業の説明会に参加しただけで、それ以上の企業研究をしていない人は採用されません。高評価を得て採用されるのは、IR 情報から情報収集したり、実際に商品やサービスを利用して意見を述べるなど、頭と足を使って行動した学生だけです。

　就活における行動は、すべてが評価対象であり、結果にストレートに反映されます。本書では、採用担当者から高評価を得る行動を詳しく説明していきます。ぜひ参考にして行動を起こしてください。

●④仕事への意欲・興味

　その企業の仕事に強い意欲や興味をもっているか。これも重要な評価ポイントです。就活生が内定獲得に必死になるように、企業もよい学生を採ることに必死です。内定を出しても最終的に辞退する学生もいるので、「この受験者は仕事に意欲や興味をもっているのか？」「本当に入社する意志はあるか？」と懸命に見極めようとします。だからこそ、**志望熱意の高さを強くアピールする**ことが内定獲得の強力な決め手になります。そのアピールを行う場が面接です。どうすれば自身の志望熱意を伝えることができるのか。本書はそのさまざまなノウハウもお伝えします。

31

PART
2

面接の本質を見抜く！

面接の流れ

面接は通常、一次面接、二次面接、三次面接と複数回行われ、
企業によってその方法は異なります。

● 面接の方法は、企業によって異なる

就職活動の基本的な流れは、会社説明会や合同説明会 →エント
リーシートや履歴書などの書類審査→一般常識や作文などの筆記試
験→面接となるのが一般的です。面接の回数は、**3〜5回程度**。時
間は**1回あたり10〜30分程度**というケースが多いです。

面接の方法は、企業によって異なります。面接回数を少なくして、
1時間以上かけて長時間の面接を行う企業や、集団面接やグループ
ディスカッション（グループワーク）を何度も行う企業もあります。

● 面接の種類、流れを把握しよう

面接の種類は、大きく分けると「個人面接」「集団面接」「グルー
プディスカッション」の3つ。面接の流れとしては、一次面接を集
団面接にして、そこからグループディスカッションや個人面接、社
長や役員による最終面接というケースが一般的です。

大企業の場合は、一次、二次が集団面接、三次がグループディス
カッション、四次面接から個人面接になることが多いです。

また、面接とは特に謳っていなくても、**会社説明会の段階からす
でに選考は始まっています**。説明会場の社員は採用担当者であるこ
とが多く、会社説明会で意欲的な質問をした学生が、一次、二次を
スキップして、いきなり役員面接にたどり着くケースもあります。
あらゆる場面が面接であることを意識しましょう。

32

覚えておこう！よくある面接のパターン

```
＼ パターンA ／
一次面接＝集団面接
　　↓
二次面接＝グループディスカッション
　　↓
最終面接＝個人面接
　　↓
　 内定
```

```
＼ パターンB ／
一次面接＝集団面接
　　↓
二次面接＝集団面接
　　↓
三次面接＝グループディスカッション
　　↓
最終面接＝個人面接
　　↓
　 内定
```

```
＼ パターンC ／
一次面接＝集団面接
　　↓
二次面接＝個人面接
　　↓
三次面接＝グループディスカッション
　　↓
最終面接＝個人面接
　　↓
　 内定
```

```
＼ パターンD ／
一次面接＝集団面接
　　↓
二次面接＝集団面接
　　↓
三次面接＝個人面接
　　↓
最終面接＝個人面接
　　↓
　 内定
```

PART 2 面接の本質を見抜く!

個人面接とは？

面接には、さまざまな種類があり、目的や内容、評価のポイントが異なります。「個人面接」の傾向と対策を解説します。

○ 個人面接は面接官によって目的が異なる

　個人面接は、受験者1名と面接官3〜5名程度によって行われます。時間は10〜30分というケースが一般的ですが、企業によっては1時間以上行う場合もあります。個人面接の目的は、受験者の**人間性や能力、素質、知識、経験、適性などを判断する**ことです。

　ただし、面接官の顔ぶれによって、面接の目的は異なってきます。人事担当者だけなら、人間性や能力、素質の把握。現場の課長・部長クラスがいる場合は、その職種への適性の判断。社長や役員などの経営陣がいる場合は、自社への志望熱意の高さ、自社に利益をもたらす人材かどうかが判断されるでしょう。

　どんな面接官にも対応するには、企業研究を深め、志望企業の経営理念、商品やサービス、社長の考え方などを理解しておく必要があります。あらゆる話題に対応できるように準備しておきましょう。

＼ 個人面接　基本データ ／

受験者：1名
面接官：3〜5名程度
会　場：志望企業のオフィス
時　間：10〜30分（1時間以上の場合も）
目　的：人間性・能力・適性の評価

● 要注意！ 面接官の「3大面接テクニック」

　面接では自分の本当の姿を知ってもらって採用を勝ちとるべきですが、受験者は背伸びした自己PRをしがちです。そこで面接官はさまざまなテクニックを駆使して、受験者の本当の姿を探ろうとします。以下が面接官の「3大面接テクニック」です。こうした手法があることを認識し、適切な対応を心掛けましょう。

❶ ホメ面接

　「君はすごく優秀ですね」「とてもよい自己PRですね」と褒めることで受験者の本音を引き出すテクニックです。褒められても舞い上がったりせず、最後まで謙虚な姿勢を崩さないことが大切です。自分は未熟だから入社してからも先輩方から多くのことを学び、仕事でも人間としても成長していきたいとアピールしましょう。

❷ 追求面接

　「当社と競合の○○社の違いを具体的に述べてください」「○○社ではなく当社を志望する理由は？」など、受験者の発言の根拠や具体例を掘り下げていく面接テクニックです。受験者の志望熱意の高さを測るためによく用いられます。企業研究と自己分析を深め、どんなつっこみに対しても対処できるように準備しておきましょう。

❸ 圧迫面接

　「具体性に欠け、話に説得力がないです」「当社の仕事内容を事前に研究しましたか？」「当社に落ちたらどうしますか？」など、わざと厳しい態度で接して受験者のストレス耐性を測る面接術です。こうした発言を真に受けて、シュンとしたり、ムッとしたりしてはいけません。面接官の演技と心得て冷静に対処し、笑顔でハキハキ答え続けることが大切です。

PART 2 面接の本質を見抜く!

集団面接とは？

面接には、さまざまな種類があり、目的や内容、評価のポイントが異なります。「集団面接」の傾向と対策を解説します。

●他の受験者と同意見なら必ずアレンジを

　集団面接は、志望企業のオフィスまたはホテルやレンタルスペースなどで行われます。受験者の数は2名以上の複数名、面接官は3〜5名程度、面接時間は15〜30分というケースが一般的ですが、企業によって異なります。集団面接の目的は、受験者の数をある程度の数に絞り込むこと。そして協調性やチームワークなどの素質に関するチェックです。同じ質問を全員に投げかけ、順番に答えていく形式が多く、質問の数は4〜5問程度です。

　集団面接では、答える順番があとになればなるほど、自分が発言しようとしていたことを先にいわれてしまうリスクが高くなります。そうした場合に「先ほどの方と同じ意見です」といった主体性のない発言はNGです。瞬時に発言内容を切り替えるか、自分なりにアレンジして発言することが高い評価を得られる大切なポイントです。

集団面接 — 基本データ

受験者：2名以上
面接官：3〜5名程度
会　場：志望企業のオフィス、ホテルや
　　　　レンタルスペースなど
時　間：15〜30分
目　的：受験者の絞り込み

●トップ内定者に学ぶ！ 集団面接における重要ポイント

　集団面接の重要なポイントは、①他者の発言を聞いているときの態度、②発言時間、③積極性の3つです。特に①は要注意。多くの受験者が評価を落としているので、十分に気をつける必要があります。以下、トップクラスの内定者が実行している集団面接の高評価ノウハウを紹介します。ぜひ参考にしてみてください。

❶他者の発言を聞いているときは、うなずき、微笑む

　集団面接では、他者の発言内容をよく聞くことが大切です。面接官は他者の発言を聞いているときの態度もチェックしています。話を聞いていない受験者は協調性が欠けると判断され、評価が大きく下がります。他者の発言中も要所要所でうなずいたり、よい内容の部分では微笑み、しっかりと聞いていることをアピールしましょう。

❷短時間で簡潔にまとめて話す

　集団面接は、発言時間も評価の対象です。ダラダラ長く話すのは絶対 NG。1分を超えるとチームワークの欠如、かつ話下手と見なされ、評価が大きく下がります。集団面接は、自分1人で受けているわけではありません。他者のことも配慮し、要点を簡潔にまとめ、短時間で話しましょう。15〜30秒くらいが高評価を得られます。

❸挙手制の場合は、1番目に発言することが大事

　集団面接では積極性を確認するために挙手制になることがあります。この場合は真っ先に手を挙げ、1番目に発言することが高評価の秘訣。2番目以降は積極性に欠けると判断されます。ただし、何度も連続して1番目に発言すると、他者への配慮がないと見なされる可能性があります。他者に笑顔で譲ることも重要です。

PART 2 面接の本質を見抜く！

グループディスカッションとは？

面接には、さまざまな種類があり、目的や重要なポイントが異なります。「グループディスカッション」の傾向と対策を解説します。

●要注意！ 「討論の勝者」＝「合格者」ではない

　グループディスカッションは、志望企業の会議室などの広い部屋で行われます。受験者の数は5〜10名、面接官は3〜5名程度、時間は20〜60分。討論の形式はいくつかありますが(右ページ参照)、受験者が5〜10人程度のグループに分けられ、与えられたテーマについて話し合うスタイルが一般的です。

　ただし、誤解しないでほしいのは、**討論の勝者が合格するわけではない**ことです。目的を勘違いして他者を攻撃的な態度で批判し強引に自己主張する受験者がいますが、そうした態度は協調性の欠如と見なされ低評価になります。グループディスカッションの目的は、**積極性や協調性など受験者の能力を総合的に評価する**ことです。優れた討論をしたグループからは何名も合格者が出て、険悪な雰囲気になったグループからは1人も合格者が出ないこともあります。

＼グループディスカッション　基本データ／

受験者：5〜10名
面接官：3〜5名程度
会　場：志望企業の会議室など広めのスペース
時　間：20〜60分
目　的：総合的な能力の判断(右ページ参照)

●グループディスカッションの形式

　グループディスカッションには、いくつかの形式があります。いずれも受験者が積極的に参加しないと、よい成果は生まれません。面接官は、受験者の「**行動**」と「**態度**」を見て合否を判断します。

❶**話し合い型**
　最も一般的な形式。与えられたテーマをグループで話し合う
❷**意見発表型**
　話し合いを行い、各自が2〜3分ずつ意見を発表し合う
❸**ディベート型**
　肯定派・否定派に分かれて討論する。途中で立場を交替することも
❹**ワーク型**
　グループワークとも呼ばれ、全員で作業を行い、課題を達成する

●グループディスカッションの評価ポイント

　グループディスカッションは、受験者の素質や総合的な能力を判断する手段として、近年多くの企業が導入しています。面接官が注目している重要な評価ポイントは、以下の6つです。

❶**コミュニケーション能力**
❷**積極性**
❸**参加態度**
❹**チームワーク能力**
❺**リーダーシップ**
❻**意見の内容とチームへの貢献度**

▶グループディスカッションの対応策はP114〜125で詳しく解説

PART 2 面接の本質を見抜く！

Web面接とは？

面接には、さまざまな種類があり、目的や内容、評価のポイントが異なります。「Web面接」の傾向と対策を解説します。

● 受験者にとって「Web面接対策」は必須事項

　Web面接（オンライン面接）を導入する企業が急激に増えています。2020年2月以降、新型コロナウイルス感染拡大の影響で急増しましたが、今後も面接方法の1つとして定着していくでしょう。

　受験者にとってWeb面接対策は今や必須事項です。まずは「Web面接とはなにか？」という基本的なことから押さえていきましょう。

　Web面接とは、オンライン上で行われる面接のことです。通常、Zoom、Google Meet、Skype、その他のWeb会議アプリケーションやWeb面接アプリケーション等を使って実施されます。

　Web面接には、面接官に対して受験者1名のWeb個別面接、受験者が複数名のWeb集団面接の2タイプがあります。

　Web面接は一次だけ、もしくは一次と二次がWeb面接で、それ以降は対面型の面接という企業が一般的ですが、最終面接以外はWeb面接という企業もあります。

＼ Web面接 — 基本データ ／

受験者：1名、または2名以上の複数名
面接官：3～数名
会　場：自宅などパソコンの前
時　間：10～30分（1時間以上の場合も）
目　的：人間性・能力・適性の評価

●Web面接はメリットも多い

受験者にとってのWeb面接のメリットは、**対面面接と比べてお金も時間もかからない**ことです。

Web面接は、移動する時間がないため、短時間で効率的に、多くの面接を受けることができます。1日に複数の面接を受けることも可能ですが、時間がかぶらないように注意しましょう。

また、交通費や宿泊費がかからないことは、特に地方の学生にとって大きなメリットの1つです。より多くの企業にエントリーしやすくなり、チャンスが大きく広がります。その一方で、人気の企業には、受験者が殺到しやすくなるともいえます。

そういったなかで、内定を勝ち取るためには、Web面接と対面面接の違いを理解しておくことがとても重要です。

PART 1の「Web面接突破の極意」(P10～25) で、紹介した内容をぜひ参考にしてください。

Web面接の基礎知識：
代表的な面接アプリケーション

❶ Zoom（ズーム）

米国Zoomビデオコミュニケーションズが提供するWeb会議サービス。日本語対応もされていて、PC、スマホどちらでも利用可能です。

❷ Google Meet（グーグルミート）

Googleが提供するWeb会議サービス。ソフトウェアをインストールする必要はありません。PC、スマホどちらも利用可能です。スマホの場合は、専用アプリからも参加できます。

❸ Skype（スカイプ）

ビデオ通話ができるオンラインチャットツール。専用アプリが無料でダウンロードでき、PC、スマホ、タブレットのいずれも利用が可能です。

PART
2

面接の本質を見抜く！

人事面接・役員面接とは？

面接には、人事社員による「人事面接」と、社長や役員による「役員面接」があります。その違いについて解説します。

● 人事面接は人間性や能力、役員面接は入社意志や適性

採用面接は、段階によって面接官が異なります。一次面接や二次面接は、採用担当者である人事部の社員が担当する人事面接が行われ、最終面接は、社長や役員クラスが担当する役員面接が行われる場合があります。

人事面接では、受験者の**人間性や能力などを確認する質問が多く**、採用における基本的な素質をチェックされます。

一方、役員面接は最終面接になることが多く、**入社意志の最終確認や自社に適した人材であるかの見極め**がメインとなります。どんなに優秀な受験者であっても、会社が掲げる理念や職場の雰囲気と合わなければ早期退職のリスクが高まります。また、入社意欲が低い受験者は内定を出しても辞退する場合があります。そうした事態を避けるために、社長や役員が自ら面接を行うのです。人事面接と役員面接、その違いをきちんと理解し対策を考えましょう。

＼ 人事面接・役員面接 ― 基本データ ／

受験者：1名、または2名以上の複数名
面接官：3〜数名
会　場：志望企業のオフィス
時　間：10〜30分（1時間以上の場合も）
目　的：人間性・能力・適性の評価、入社意欲の確認

●「当社の内定が出たら就活活動をやめますか？」

　役員面接では、さまざまな質問で受験者の志望熱意を確認しようとします。就職人気ランキング1～200位の企業や業界トップクラスの企業の役員面接でよく聞かれるのが「当社の内定が出たら就職活動をやめますか？」という質問です。役員面接でこの質問をされたら、あなたはどう答えますか？

　この質問には「当社が第一志望で入社の決意は固まっていますか？」と、**受験者の入社意志を確かめる意図**があります。こうした質問に対して、答えを躊躇したり、まだ続けると述べたり、小さな声で返事をするなど、入社の決意が固まっていない印象を与えてしまうと合格は遠のきます。トップ内定者は、就職活動をやめることを明確に意思表示して高評価を得ています。以下の回答例を参考に、面接における回答の重要性を認識しましょう。

NG回答 こんな人は低評価！ 明確な意志表示をしないNG回答

・「(即答せず、少し考えてから)……はい。そのつもりです」
・「ちょっと今はまだわかりません」

OK回答 こんな人が高評価！ トップ内定者の回答例

・「はい、もちろんです。すぐにやめて、来年の入社に備えて、○○の勉強を始めます」
・「やめます。今後は時間ができますので、入社までの間に勉強しておくとよいことがあれば、ご教示ください」
・「はい、もちろんやめます。今後、時間ができますので、もし可能であれば、御社でインターンシップやアルバイトをさせていただき、早く仕事を覚えたいです」
・「はい、やめます。私の第一志望は御社です」

PART2　面接の本質を見抜く！

PART
2
面接の本質を見抜く！

インターンシップの面接と本選考の面接の違い

インターンシップの選考試験に落選しても、本選考の面接で
不合格になるわけではありません。その理由を解説します。

●インターンシップには、非常に多くのメリットがある

インターンシップは、学生が企業で就業体験を行うプログラムです。各企業のインターンシップ情報には「これは選考には関係ありません」と書いてありますが、実際には**大いに関係があります**。

学生にとってインターンシップは非常に多くのメリットがあります。情報解禁前の早い時期から企業と接触でき、興味のある仕事を実際に体験できます。企業研究を深められ、社員とも交流することで面接の対策も立てやすくなります。つまり、本選考の合格率を高めることが可能なのです。インターンシップに参加し、そのメリットをフル活用すれば、本選考でも有利になることは間違いありません。

●落選者でも本選考では合格できる!?

人気企業のインターンシップ選考の志望倍率はとても高く、数十人の枠に何百〜何千人の応募があることも珍しくありません。そのためインターンシップの選考に落ちると本選考でも落とされると考えている学生が多いのですが、そんなことはありません。

インターンシップ選考に落ちた学生でも、本選考で受かった人は多くいます。誤解している人は、すぐに考えを改めましょう。インターンシップ選考で不合格になった理由をきちんと分析して修正す

44

れば、**本選考の面接でリベンジすることは十分可能**です。むしろ再受験することで、内定獲得の可能性は大きく高まります。

● インターンシップ落選者が再受験で有利になる3つの理由

インターンシップ選考に落ちた人にとって再受験は不利ではなく、むしろ有利になるのです。それには、以下の3つの理由があります。

❶「志望意欲の高さ」をアピールできる

インターンシップ選考で落選しても諦めずにまた受けると、企業が最も求めている「志望意欲の高さ」を強くアピールできます。自己分析と企業研究を深め、志望理由の説得力を高めましょう。

❷「メンタルの強さ」をアピールできる

面接でストレス耐性のチェックをするほど企業はメンタルの強さに注目しています。落ちてもめげない心の強さは武器になります。面接では、失敗してもくじけない心の強さをアピールしましょう。

❸「向上心の高さ」をアピールできる

インターンシップの選考試験は本試験を簡略化した内容です。落選した理由を徹底的に分析し、自己分析や企業研究を深め、志望理由や自己PRをしっかり見直せば、向上心の高さをアピールできます。

インターンシップ選考試験は早い時期に行われるため、就活準備が不十分な学生がほとんどです。それは企業も理解していて、落選した学生のその後の成長に期待しています。上記を参考にすれば、あなたの内定力は何倍も高くなります。インターンシップに落選したエピソードをネタにして、自身の成長や向上心の強さをアピールできれば強力な自己PRになります。ぜひ再挑戦してみてください。

PART
2

面接の本質を見抜く！

雑談に見せかけた面接に要注意

近年増えてきたのが雑談型の面接です。
本当に雑談だと勘違いしないように注意しましょう。

● 雑談に見せかけて、学生の中身をチェック

「雑談ばかりでした」「志望理由を聞かれませんでした」「自己
PRを聞かれませんでした」と面接が終わった就活生がよく口にし
ます。これは大きな勘違い。「雑談型の面接」だったことに気づい
ていないだけで、実はしっかりと選考は行われていたのです。残念
なことに「雑談ばかりでした」と話す受験生は、合格率が低いです。

面接官は雑談と見せかけて、志望度や能力、素質など、受験者の
中身をしっかりとチェックしています。面接に無駄な質問は1つも
ありません。人物評価の意図が必ずあります。以下のよくある質問
を参考にして、雑談型面接の対策も考えておきましょう。

● 雑談型面接の「よくある質問」と「面接官の意図」

「学生生活は楽しいですか？」

→日頃どんなことに打ち込んでいるのか、自己PRのチェック

「風邪が流行っているみたいだけど、大丈夫？」

→体力や健康、自己管理能力のチェック

「当社の○○という商品だけど、学生たちの評判はどうかな？」

→自社に対する関心度のチェック

「私はこの会社、第2志望だったんだよ。あなたはどう？」

→自社への志望意欲、他社の受験状況のチェック

46

●トップ内定者に学ぼう！ 雑談型面接の回答例

　明るく打ち解けた雰囲気で笑顔の面接官から以下のような言葉をかけられて、あなたならどう返答しますか？
　普通の学生とトップ内定者、2つの回答の違いを見てみましょう。

> 面接官「就職活動は大変でしょう。最近の就活生を見ていると、本当に大変だと思うよ」

NG回答 こんな人は低評価！ 普通の学生の回答例

「はい、毎日エントリーシートの締切や面接があって大変です」

OK回答 こんな人は高評価！ トップ内定者の回答例

「スケジュール管理は大変ですが、大きなやりがいを感じています。御社の店舗見学はすごく勉強になり、ますます働きたいと意欲がわいてきました。営業部の○○様にも仕事について詳しく教えていただき、社会人としての目標も具体化してきました」

　NGの回答はまさしく普通です。自己PRも志望意欲もなにも感じられないため、なんの興味もわいてきません。一方、トップ内定者の回答は、志望意欲や行動力の高さが感じられて好印象です。面接官もこの受験者には興味がわき、一緒に働きたいと思うでしょう。

\坂本POINT/

雑談のような雰囲気に惑わされず、面接とは自己アピールの場だと肝に銘じ、どんな質問にも自己PRや志望意欲を盛り込んで答えましょう。

PART
2

面接の本質を見抜く！

面接の手応えがよくても 落ちた！ なぜ!?

面接は受け答えだけで合否が決まるわけではありません。
誤解している人は要注意です。

● 企業がチェックしているのは「受け答え」だけではない

　面接の手応えがよくても不合格になることは珍しくありません。面接における評価ポイントは、実は面接中の回答だけではないのです。面接官は受験者の「素の姿」を必ずチェックしています。

　面接会場に入ってきたときの受付の態度や待合室の様子、面接室に入ったときの表情、当日の身だしなみ、面接中の姿勢や目線、表情、面接が終わったときの態度、面接会場を出ていく様子……。

　面接官は受け答えだけでなく、あらゆる点を見ています。「そんなことまで気にしないといけないのか……」と思うかもしれませんが、これは評価を高めるチャンスが無数にあるということです。

● 面接はレストランの評価と同じ

　たとえば、レストランに行ったとしましょう。入店しても「いらっしゃいませ」の挨拶がない。店員の態度が横柄。接客より店員同士のおしゃべりや、スマートフォンをいじることに夢中だった。退店時も「ありがとうございました」の挨拶がなかった。これでは料理が美味しくても評価は大幅に下がると思いませんか？

　一方、入店すると気持ちよい挨拶をされ、接客が丁寧で、店員が笑顔で爽やかに働いているお店だったら、高い評価をするものです。

48

面接も同じです。面接の受け答えだけで評価が決まるわけではありません。私たちがお店に行くと店員の態度を評価しているように、**面接官も受験者のあらゆる側面を見て人物評価をしています**。

●普段の自分を高めて、総合評価で内定を獲得しよう！

待合室の清掃をしていたスタッフさんが、実は受験生の偵察に来ていた採用担当者だった。そんなことは珍しくありません。きちんとした挨拶や礼儀を学び、どんな場面でも高評価を得る行動を積み重ねていきましょう。

ただし、面接のときだけ自分をよく見せようとしても、高評価を得る態度がすぐ身につくものではありません。いつ面接を受けてもいいように、**普段の自分を高めておくことが重要**です。

面接でなんらかの失敗をしても、面接以外の場面で高評価を積み重ねて内定を獲得した人は非常に多くいます。**面接の回答以外にも、高評価を得るチャンスは至るところにあります**。PART 3ではこれらのマナーについて詳しく解説します。ぜひ参考にしてください。

受け答え以外で高評価を得る重要場面チェックリスト

- □面接会場に入る際の態度
- □受付での挨拶の仕方
- □待合室での他の受験者への接し方
- □待合室での過ごし方
- □待合室での座り方・姿勢・荷物の置き方
- □誘導係への挨拶・会話の仕方
- □面接室に入るときの挨拶・表情・姿勢
- □着席するときのマナー
- □面接時の姿勢・表情・目線
- □面接終了後の表情
- □面接室を退室するときの挨拶・表情・姿勢
- □帰宅時の受付での挨拶

PART
2

面接の本質を見抜く!

出身大学から採用実績ゼロの
不利を覆すための方法

出身大学の採用実績がゼロでも合否に関係ありません。
企業が大学名より重視していることを解説します。

● 企業が大学名より重視していること

「出身大学で不利になりますか?」。こんな質問が全国の就活生から寄せられます。結論からいえば、**筆記試験で高得点がとれれば、大学名で不利になることはありません**。採用担当者が出身大学を学力レベルの指標に使っていたのは 10 年以上も前の話です。

最近は、推薦入試、AO 入試、系列高校からの進学の比率が高くなったため、出身大学が学力レベルの参考にならなくなりました。また、大学進学後の努力で学力は大きく変わります。

大半の企業は、筆記試験、資格、文章力、新聞・ビジネス誌の購読、時事問題に対する理解など、**大学名によらない学力チェックの方法で採用の参考にしています**。特に重視されるのが筆記試験です。

● 5つの学力チェックで高評価を得る方法

企業の学力チェックで高評価を得る方法を紹介します。以下の❶を含め 4 つ以上当てはまると、学力はトップクラスの高評価を得ます。❶を含めた 3 つでも極めて高い評価になります。

❶筆記試験の点数が高い

学力チェックで一番重視されるのが筆記試験の点数です。筆

記の問題集は、難しい2割の問題は捨て、残り8割を繰り返し学ぶのが効果的です。出題形式と解法のコツがわかると得点力が急速に高まります。満点の必要はありません。8割程度を目標にして、手を抜かず繰り返し解いて試験対策の努力をしましょう。

❷志望企業に役立つ資格、難易度の高い資格をもっている

　資格を学力や仕事力のバロメーターとしている採用担当者は多いです。資格をもっている人は、強くアピールしましょう。高評価を得る秘訣は、その資格が仕事にどう役に立つのかを述べることです。

❸文章が筋道立ててわかりやすく書かれている

　エントリーシートなどの文章が論理的に書かれていることも重要なポイントです。最初に結論、次に理由という構成、具体例や数字を用いた説明が高評価を得ます。

❹新聞やビジネス誌を読む習慣がある

　新聞の一面と経済面の見出しに目を通すだけでも効果大。世の中の流れが頭に入ります。志望企業・志望業界に関する記事をスクラップにして、企業研究を深めている人は極めて高い評価を得られます。なお、スマホや図書館で読むのもOKです。

❺面接で時事問題・社会問題の質問にしっかり答えられる

　志望企業のビジネスに影響する話題は新聞などを読んで研究しておきましょう。ネットで読めるビジネス誌では、東洋経済オンラインが便利。検索して無料で読める記事が多いです。

坂本POINT

努力をしている人は、出身大学が採用実績ゼロでもなんの不利にもなりません。出身大学を理由に、志望する企業を諦めないでください。受からない最大の理由は、受ける前に諦めてしまうこと。努力は必ず成果に結びつきます。

PART
2

面接の本質を見抜く！

志望企業にOB・OGがいない
不利を覆す方法

OB・OG訪問は、内定獲得の強力な武器となります。
志望企業に大学の先輩がいなくても不利にはなりません。

● OB・OG（大学の先輩）の見つけ方

　志望企業で働いている大学の先輩（OB・OG）に会って話を聞くことを「OB・OG訪問」といいます。

　OB・OGの見つけ方は、キャリアセンターの名簿、ゼミやサークルの先輩、知人の紹介、人事部に連絡して紹介を依頼、親・兄弟・親戚の知り合いに紹介を依頼、フェイスブックで検索など、さまざまな方法があります。

　OB・OG訪問をしたら別の部署の方の紹介もお願いして、**次々と輪を広げていきましょう**。きちんとお礼の連絡をするなど、礼儀正しく接すれば、その後も継続的に指導してもらえるようになります。

　なお、志望企業に先輩がいなくても大丈夫です。以下のような方法を試してみましょう。

❶他の大学の友人に紹介してもらう
　他大学の友人がOB・OG訪問するときに同行させてもらいましょう。
❷志望企業の人事に連絡し、社員を紹介してもらう
　必ずしも紹介してもらえるとは限りませんが、聞いてみましょう。
❸志望企業のオフィスや店舗を訪ねる
　受付や店頭に行って、社員の方に話を聞きたいとお願いしましょう。
❹会社見学やインターンシップで社員と交流する
　礼儀正しく接して信頼を得られれば、アドバイスももらえます。

●OB・OG訪問で合格力を高める質問

　OB・OG訪問で重要なのは、どんな質問をするかです。以下の質問をすれば、志望企業に先輩がいない不利を覆し、合格力が高まります。

OK質問　志望企業の実態を知る質問

- 「1日のスケジュールと、仕事内容や目標について教えてください」
- 「仕事で大変なことはなんですか？」
- 「仕事のやりがいはなんですか？」
- 「御社と同業他社との違いはなんですか？」

OK質問　強い志望意欲が感じられる質問

- 「仕事で求められる能力、知識、経験、心構えを教えてください」
- 「学生のうちに取得しておくとよい資格を教えてください」
- 「御社についての、この新聞記事について意見を聞かせてください」
- 「私が考えた、御社の新商品（新サービス）のアイデアについて意見を聞かせてください」

OK質問　就職試験(ES、面接、集団討論)合格の参考になる質問

- 「先輩が受けた御社の就職試験について教えてください」
- 「御社の試験を受けるうえで、気をつけるとよいことは？」
- 「履歴書（エントリーシート）を書いたのですが、見ていただいてアドバイスをいただけませんか？」
- 「この履歴書（エントリーシート）から、面接でどんな掘り下げ質問がきそうでしょうか？」

PART
2

面接の本質を見抜く！

普段から企業の情報に目を配ろう！

後悔しない企業選びと情報収集の方法を解説します。
志望企業選びを間違えると就活のチャンスを逃してしまいます。

● 志望企業選びを間違えると一生後悔することに

　ほとんどの学生はテレビやネットで広告を見かける一部の企業しか知りませんが、それらが本当に自分に合った企業とは限りません。一部の有名企業しか受けなかった学生は、就活終盤になってから「もっと幅広く企業研究をするべきだった」と後悔しがちです。就活というせっかくのチャンスを無駄にしてはいけません。

　そこで知名度だけに左右されない優良企業を見つける効果的な方法を紹介します。集中して行えば1日で終わります。企業選びは一生を左右することなので、ぜひ、実践してみてください。

● 上場企業4000社を1日ですべてチェックする方法

　企業研究や企業選択の理想は、日本経済を支えている企業をひととおりチェックすることです。しかし、就職活動に費やせる時間や労力は限られるので、すべての企業を研究することはできません。

　そこで役に立つのが『会社四季報』（東洋経済新報社）という書籍です。大学のキャリアセンターや図書館に必ずあります。

　『会社四季報』には、上場企業約4000社分のデータが掲載されています。これを最初のページから順番に閲覧していくのです。ただし、チェックするのは3カ所だけ。①「記事欄（コメント欄）」、②「売上高の推移」、③「利益の推移」。①を読んでまったく興味がわかない企業については、②と③はチェックしなくてかまいません。

54

●『会社四季報』を使った企業選びのコツ

『会社四季報』は数字が多くて読む気がしない人でも、3カ所だけ見ればいいので難しくありません。すぐに慣れます。経済・財務の知識も特に必要ありません。以下の方法でチェックしてみましょう。

❶ 志望したい企業のページ用に付箋を 50 〜 100 枚用意

❷ 読むのは「記事欄」「売上高の推移」「利益の推移」の 3カ所だけ

❸ まずは企業の「記事欄」を読む。企業の概要が把握できる

❹ 興味がわいた企業は「売上高の推移」をチェック。増加傾向にあれば商品・サービスが時流に合っていることがわかる。さらに「利益の推移」もチェックして経済状態も確認する。興味がわかない企業は、売上高と利益の欄は読み飛ばしてよい

❺ 売上高と利益が減っている場合は、理由を「記事欄」で確認

❻ 志望企業候補に付箋を貼る。この要領で次々と読み進めていく

❼ 最後の企業までチェックが終わったら、付箋を貼った企業について他の項目も熟読。さらに、インターネットで企業のサイトを閲覧して、会社概要や求人情報を確認する

この選別方法はチェックするのが 3カ所だけなので、時間がかかりません。しかも興味がわかない企業の売上高・利益の欄は読み飛ばしてもよいので、かなりスピードアップできます。**1 社あたり 10 秒以内で速読する**ように心掛けましょう。すると 1 日(8 〜 10 時間)で、すべての上場企業をチェックすることができます。

『会社四季報』には、売上や利益の減少と理由、経営判断ミスなど、マイナス情報も書かれています。企業の現状と将来性を分析するうえで大変参考になります。50 社程度を選び出しましょう。

時間がない人は『会社四季報 業界地図』(東洋経済新報社) を代わりに活用するとよいです。百数十を超える業界ごとに有力企業を効

率的に確認できます。この企業探しの方法は、ほとんどの学生がやっていないことなので**圧倒的な差がつき、思いもよらない優良企業がたくさん見つかります。**

● 就活は、行動力（ヘッドワーク、フットワーク）の勝負！

志望企業候補を選び出したら、**企業研究を深めていきましょう。**そのためには、普段から企業の情報に目を配ることが必要です。志望企業の Web サイトや新聞記事、ビジネス誌の記事を読んだり、会社見学に行ったり、OB・OG訪問をして理解を深めていくのです。

採用担当者が一番重視するのは、**志望企業に対する「行動力」**です。行動力にはヘッドワーク（頭を使う行動力）とフットワーク（足を使う行動力）の2種類があります。この2つを駆使して積極的に行動すれば、圧倒的な高評価を得て志望企業の内定を獲得できます。

＼ ヘッドワークの例 ／

- ・志望企業のWebサイトのIR情報のページを読んで研究
- ・志望企業に関する新聞やビジネス誌の記事を読んで研究
- ・ライバル企業のWebサイトのIR情報のページを読んで比較研究
- ・ライバル企業に関する新聞やビジネス誌の記事を読んで比較研究
- ・志望企業の新商品・新サービスの企画案を考えてレポートに

＼ フットワークの例 ／

- ・志望企業の店舗や工場、本社、支店を見学する
- ・志望企業のOB・OG訪問をする
- ・志望企業の商品・サービスを使ってみる
- ・ライバル企業の店舗や工場、本社、支店を見学して比較研究
- ・ライバル企業のOB・OG訪問をして比較研究
- ・志望企業の商品・サービスを使ってみて比較研究
- ・志望企業の社員に自らが考えた新商品・新サービスのレポートを見せてアドバイスしてもらう

PART

3

面接時のマナー&心がまえ

面接時にマナーに反した行いをすると、

評価は大きく下がってしまいます。

マナーやありがちなミスを学び、面接に備えましょう。

また、面接官の目に好意的に映る方法をマスターして、

印象に残る学生を目指しましょう。

PART
3
面接時のマナー&心がまえ

たった3時間で人と差をつける！　企業研究①
面接で使える資料を探す

面接準備としてまず必要になるのは、データ収集と取材です。
高評価を得られる効率的な企業研究の方法を紹介します。

●企業研究に欠かせない3つの情報収集

　面接の準備において、企業研究は欠かせません。企業研究のための情報収集としておすすめなのは、以下の3つの方法です。

❶経営情報・IR情報（株主投資家向け情報）

　志望企業の基本情報は、企業サイトの「中長期経営計画」と「トップメッセージ」をチェックしましょう。「中長期経営計画」を見れば、その企業の方針やどんな方向に進もうとしているかがわかります。「トップメッセージ」は、その計画を端的に説明したものが多いです。この2つを見れば、企業の全体像を把握することができます。

❷新聞記事

　図書館の「新聞過去記事検索サービス（新聞各社データベース）」を使って志望企業と同業他社の重要記事を1年分程度入手し、比較すると深い企業研究ができ、ライバル学生との大きな差別化もできます。所要時間は1〜3時間です。大学によっては、自宅からでもPCやスマホで大学図書館サーバーにログインして使えます。無料かつ短時間ででき、効果大です。

❸社員交流

　OB・OG訪問はもちろん、会社説明会やセミナーに参加すると、社員に話しかけたり質問することができます。「御社のトップメッセージを拝見したのですが……」「○月○日の新聞記事については……」と企業研究の成果を踏まえてアプローチすると、「この学生

は意欲があるな」と強く印象づけられ、高評価を得られます。

● 主観だけではNG！ 高評価を得る方法とは？

　面接では、ほとんどの受験者が主観的な意見や会社案内に書いてある言葉をそのまま話しています。主観的な意見だけでは、なんの説得力もありません。また、会社案内の言葉を話すだけでは、企業研究の熱意が感じられません。そのうえ、大半の受験者が同じ話をするので、集団のなかで埋没してしまいます。

　面接で大切なのは、**客観的な根拠**（IR情報・新聞記事・社員の話）**に基づいた話をする**こと。そして**企業研究の熱意を伝える**ことです。以下の２ステップで、面接で使える資料を集めましょう。ステップ１だけでも客観的な根拠に基づいた話ができるので高評価されます。ステップ２まで行うと、トップクラスの高評価を得られます。

＼ ステップ１：データ収集（IR情報・新聞記事）／

　面接では「当社の課題はなんですか？」といった自社に対する理解度を試す質問をされたりします。企業サイトの経営情報やIR情報（上場企業の場合）をチェックし、企業研究を深めましょう。経営理念を実際の事業活動にどう活かしているのかも大事なポイントです。ライバル企業に関する記事も読んで志望企業と比較検討すると、企業の違いや理解が深まり、志望理由の説得力が格段に増します。

＼ ステップ２：取材（社員の話を聞く）／

　会社説明会やインターンシップ、OB・OG訪問、会社訪問、店舗見学、工場見学の際に、ステップ１で収集したデータを社員に見せて意見を聞いてみましょう。企業の課題を解決するための施策や今後の取り組みなどを教えてもらい、自分が考えた意見についてもアドバイスをもらえれば、志望理由に有効活用できます。ここまで取り組むと企業研究の熱意がトップクラスの高評価をされ、飛躍的に合格力を伸ばすことができます。

PART 3 面接時のマナー＆心がまえ

PART
3

面接時のマナー&心がまえ

たった3時間で人と差をつける！ 企業研究②
企業サイトのチェック

企業サイトは、企業研究の重要なポイントの1つです。
面接前にチェックすべき7つの情報を紹介します。

● 企業サイトで読んでおくべき7つの情報

　企業研究を深めるには、**企業サイトの7つの情報をチェック**しましょう。これらの情報を把握するだけで「非常に高い志望熱意を感じる」と判断され、トップクラスの高評価を得られます。第一志望ではない企業でも、ここまで調べておくと第一志望だと思ってもらえます。

❶経営理念

　志望企業の経営理念を調べるのは、企業研究の一番の基本です。経営理念を見れば、企業の根本的な考え方を知ることができます。経営理念と自分の考え方が一致するかを確認することも、自分に合った企業かを判断するうえで必要不可欠です。同業他社の経営理念と比較することで企業の違いもわかり、志望理由を深められます。

❷トップメッセージ

　社長の言葉を読めば、経営理念が企業活動や事業内容にどのように活かされているのかを知ることができます。企業が現在力を入れていること、今後力を入れること、企業として、そして社員として重要なことも理解できるようになります。社長の氏名を記憶して、漢字で正確に書けるようになっておくことも大事なポイントです。

❸売上高・資本金

　売上高と資本金は企業の規模を判断するために知っておく必

60

要があります。売上高は同業他社と比較して業界内の順位も確認しましょう。『会社四季報　業界地図』を参照すると各社の順位と状況、業界の動向などが容易にわかります。

❹中長期経営計画

中長期経営計画は、将来どんな企業になっていくのか、どんな事業がどのように行われるのかを知ることができます。入社直後だけでなく、長期にわたって働きがいのある企業なのか、また、自分の仕事上の夢を実現できる可能性が高いかどうかもわかります。

❺新事業

近年の主な新事業を調べると、その企業が特に力を入れていることがわかります。成長の方向性やライバル企業との差別化の方針が具体的に理解できるので、志望企業選びの判断にも大いに役立ちます。

❻定番商品と新商品

定番商品はもちろん、新商品・新サービスも必ず調べておきましょう。新商品・新サービスが成功するかどうかは現在の経営成績だけでなく、今後の経営や事業にも影響します。採用担当者もその動向には敏感になっているので、面接の話題にもしやすいです。

❼社史・創業者

志望企業の社風がわかります。自分に合った企業であるかどうかの判断にも役立ちます。創立者、創立年月日、創立目的、社名の変遷など、主な出来事を押さえ、就活ノートにまとめておきましょう。

\坂本POINT/

企業サイトの重要情報は、上場企業の場合、IR情報のページにまとめて掲載されていることが多いです。重要な情報は印刷してスクラップしたり、企業別の研究ノートに書き写したりしておきましょう。

PART 3 面接時のマナー&心がまえ

たった3時間で人と差をつける！ 企業研究③
新聞記事を有効活用

企業研究のための情報収集では、新聞記事も重要です。
図書館の「新聞過去記事検索サービス」を有効活用しましょう。

●新聞記事で「新聞スクラップ」をつくる

　新聞記事の活用法は、2通りあります。1つは情報収集や分析のツールとして日々活用することです。新聞は、毎日送られてくる就活の教材です。志望企業の「新聞スクラップ」をつくると、ライバル就活生に圧倒的な差をつけることができます。

　これは、新聞に掲載されている**志望企業・志望業界に関する記事を継続的にスクラップする**ことです。志望企業と志望業界に関する動きがわかり、プラスのことはもちろん、マイナスのことにも詳しくなります。新聞は、経済面に加え、生活面、教育面、社会面が充実しているので、志望企業に関する情報が幅広く収集できます。

●こんな人が高評価！ 新聞スクラップの4つのポイント

　面接で高評価を得る受験者は、以下の4つのポイントに注目して効率的なスクラップを毎日実行しています。ぜひ参考にしましょう。

❶志望企業に関する記事
❷志望業界に関する記事
❸志望企業の広告
❹ライバル企業に関する記事

毎日、新聞をチェックし、これらの記事があったら切り抜いてノートに貼って読む。それを1カ月ほど続けると、志望企業の社員や面接官が感心するくらいの幅広い知識と深い理解が得られます。志望理由の強化、OB・OG訪問や面接での逆質問でのネタに使えそうな箇所にはラインを引き、**自分なりの意見を書き込むのも大事**です。

●さらに高評価！　過去記事検索サービスを活用しよう

新聞記事のもう1つの活用法は、**データベースとして利用する**ことです。この方法を知っていると、他の受験者と圧倒的な差がつきます。簡単にできることなので、ぜひ実行しましょう。

データベースとしての新聞活用法は、大学の図書館に行き、「日経テレコン」や「聞蔵」といった〝過去記事検索サービス〟を使って、志望企業・志望業界の過去記事を検索します。すると、以下のような記事が瞬時にリストアップされます。

◎企業の経営動向
◎記者や専門家の調査分析
◎社長のインタビュー
◎現場の社員のインタビュー
◎消費者の意見

そこから自分が興味のある記事や面接に使えそうな記事を選んでファイリングするのです。1年分を調べたとしても、1業界1時間程度しかかからず、非常に有益な情報収集ができます。地方版や海外版の記事も検索可能です。**特に注目すべきは、地方版の記事**です。本社の話だけでなく、地方支社や支店でなにをしているのかがよくわかり、現場に足を運んだときや**実際に働くときの参考になります**。自宅からでも、PCやスマホで大学図書館サーバーにログインすれば、当サービスを使える大学が増えています。確認してみましょう。

PART 3 面接時のマナー&心がまえ

これが正解！ 面接の身だしなみ

面接は第一印象が肝心。服装や持ち物はどうしたらいいのか。
高評価を得られる身だしなみのポイントを解説します。

●就活生の服装のポイント

　リクルートスーツには、パンツスーツとスカートタイプの2種類があります。どちらを選ぶにせよ、よれよれ、しわしわだったり、傷んでいたりするものはNGです。ワイシャツの襟やそで口、靴が汚れていないかどうかも必ずチェックしましょう。

（パンツスーツの場合）　（スカートの場合）

基本の身だしなみチェックリスト

□髪型	顔や表情がはっきり見えるすっきりとした髪型を心がける。長い髪はまとめたほうが面接中に好感をもたれやすい。
□スーツ	色は黒、グレー、紺系等にし、体に合った動きやすいサイズを着用しよう。
□ワイシャツ・ブラウス	基本は清潔感のある白を選ぼう。
□ネクタイ・リボンタイ	ワイシャツやブラウスとの相性で選ぶのが基本。落ち着いた色のスーツなら、気持ち明るめのネクタイが好印象。
□そで丈	腕を下ろしたときにジャケットから、少しシャツやブラウスのそでが見えるときれいだが、見えていなくてもOK。
□すそ丈・スカート丈	パンツなら立った際にかかとから1〜2cm上の長さを目安に。パンツにパンプスを合わせるなら、ヒールに1cm程度かぶるぐらいの長さがベスト。スカートなら、立った際にひざが半分隠れるぐらいの長さにするとよい。
□靴下・ストッキング	基本的に、靴下は靴と同系色の黒や茶色系にしたほうが見栄えがよい。ストッキングなら肌に合ったベージュ系を選ぼう。
□メイク・アクセサリー	メイクをする場合は、派手にし過ぎないようにナチュラルメイクを意識しよう。
□かばん	A4サイズの書類が入る機能的なものがよい。色は黒か茶系が基本。
□靴	黒や茶色が基本。ヒールのある靴なら、3〜5cm程度の高さのものを選ぶと疲れにくい。長時間履いても疲れないものを選ぶのがポイント。

PART
3
面接時のマナー&心がまえ

超危険! 面接でありがちな4つの事前準備ミス

面接における評価は、事前準備で大きな差がつきます。
面接当日にありがちなNG行為の代表例を紹介します。

● 面接を受ける前から不合格候補になることも!

　面接は事前の準備が重要です。準備ミスによって面接を受ける前から不合格候補になってしまっている受験者が多くいます。内定者とは、事前準備がしっかりできている人です。面接前の段階から些細なことにも気を抜かず、準備万端にしておきましょう。

①家を出るときの身だしなみ

家を出るときにスーツにシワが寄っているのに気づいたが、アイロンをかけている時間的余裕はないので、そのまま着ていった。

▶スーツにシワが寄っていたり、ホコリがついていたりすると、面接官に不快感を与え、志望熱意が低いと判断されます。スーツだけでなく、靴やワイシャツの状態、襟やそで口などが汚れていないかなど、身だしなみのチェックは前日のうちに済ませておきましょう。

②企業の場所の確認

初めて行く企業だったので、場所がよくわからず、道に迷ってしまった。会社案内には駅から徒歩8分と書いてあったが、20分もかかってしまい、面接に遅刻しそうになった。

▶初めて行く場所は、道に迷いやすいものです。会社案内の地図は簡略化されていることが多く、スマートフォンの地図アプリを見ても道を間違えたりします。面接に行くときは必ず、前日に詳しい地

66

図で場所を調べておきましょう。そして30分前行動を心掛け、予期せぬ遅れが出ても余裕をもって対処できるようにしましょう。

③受付での挨拶・マナー

集合時間にはギリギリで間に合った。受付で係の人から資料を急いで受け取ったが、コートを着たまま、挨拶もせず会場に向かった。

▶受付の前にコートは脱いでおくのが、社会人としての基本マナーです。受付の人に対しても、しっかりアイコンタクトしてから、笑顔で元気に挨拶しましょう。受付の際も落ち着いた態度で、マナーよく接することは非常に大事です。受付に面接官が配置され、受験者の挨拶・マナーの評価をしている企業もあるので要注意です。

④面接室に入るときの表情

面接室に入るように促された。ノックをして、ドアを開けて、緊張した表情のまま、面接室に入った。

▶受験者の第一印象は、入室した瞬間に決まります。そのときの表情が、面接官には強く印象づけられるのです。緊張した顔で入室すると、メンタルが弱いタイプと判断され、低評価になる可能性が高いです。第一印象をよくするためには、ドアを開ける前に笑顔をつくるよう心掛けましょう。面接官に最初に見せる表情が大事なのです。

これらの事前準備を行っておくことで、余裕をもった状態で面接に臨むことができます。どんな人でも面接前は緊張しますが、自分の熱意がきちんと伝わるように準備をしておきましょう。

PART
3

面接時のマナー＆心がまえ

必携！ 面接マナーチェックシート

面接において守るべき重要なマナーを一覧にしました。
当日のチェックリストとしても活用しましょう。

● 面接が行われる建物に入る前の確認

□携帯電話の電源が切ってあるかの確認

　※マナーモードの場合は振動音がしないようにする

□身だしなみの確認（髪の乱れ、靴の汚れ、ファスナーやボタン、スーツやワ
　イシャツのシワやホコリをチェック）

□提出したエントリーシートのコピーと就活ノートで自己PR・企
　業研究などの確認

● 面接室への入室時

□面接室への案内係に「ありがとうございました」とお礼を述べる

□ドアをノックする回数は3回

□「どうぞ」と面接官の声が返ってきたらドアを開ける

　※なにも言われない場合は、3秒程度、時間をおいてドアを開ける

□「失礼します」と言って、姿勢よく入室する

□面接官と笑顔でアイコンタクトをとる（うつむいていてはダメ）

□ドアを丁寧に閉める。大きな音をたてないようにする

□ドアの前に立ち、「よろしくお願いします」と挨拶して、一礼する

□きびきびと歩いて、椅子の左側に立つ

　※スペースがない場合は右側、もしくは椅子の後ろに立つ

□「お座りください」と言われたら、一礼して、着席する

68

☐姿勢を正して座る（座り直して、位置を調整してもよい）
☐両手はひざの上に置く

●面接中に気をつけること（癖になっていることがあるので要注意）

☐キョロキョロしない。面接官の目を見て話す
☐髪や服をいじる、手遊び（指回し等）しながら話さない

●面接室からの退室時

☐終了を告げられたら「ありがとうございました」とお礼を述べる
☐席を立ち、「失礼します」と挨拶したあと、一礼する
☐静かにドアの前まで歩き、ドアの前で面接官のほうに向き直る
☐姿勢を正し、「失礼いたします」と再度挨拶したあと、一礼する
☐ドアのほうを向き、ドアを開け、外に出る
☐ドアを閉める直前に、面接官を見て、一礼して、ドアを閉める

●面接室から出たあと

☐面接室の外の係員に「ありがとうございました」とお礼を述べる
☐出口に向かう際にすれ違う社員にもお礼を述べる
☐受付係にもお礼を述べ、建物を出る
☐外に社員がいる可能性もあるので、気を抜かない

PART
3

面接時のマナー＆心がまえ

面接時に知っておきたいテクニック①
よくある失敗から学ぶ6教訓
面接中の失敗は、大きく分けると6タイプあります。
よくある失敗から学び、高評価を目指しましょう。

● 失敗例① 緊張落ち

初めての面接で勝手がわからず、ものすごく緊張してしまい、支離滅裂な受け答えになってしまった。

▶緊張を解くには、開き直り、そしてある程度の場慣れが必要です。第一志望の面接を受けるまでに、複数の企業に応募して**練習受験をしておきましょう**。

● 失敗例② 長話落ち

面接官の質問に対して、いちいち長々としゃべりすぎ、面接官がうんざりした表情になり、話し方を注意されてしまった。

▶面接官の質問には、結論から答え、簡潔にまとめることが重要です。話す時間は、**15〜30秒くらいが好印象**をもたれます。

● 失敗例③ 嘘・飾りすぎ落ち

面接官の質問に対して、苦し紛れに嘘をついてしまった。さらに掘り下げ質問をされて、嘘がバレてしまった。

▶作り話や知ったかぶりでは、気持ちがこもった話はできません。嘘がわかってしまうリスクもあります。**嘘はつかず、真実で勝負し**ましょう。

●失敗例④ 準備不足落ち

志望企業に関する質問に答えられず、面接官がガッカリした表情に。志望熱意の高さを疑われ、白けた雰囲気になってしまった。

▶企業研究は、面接の要。主力商品、社長名、経営理念、社員数、資本金など、**基本的な情報は事前に調べておく**ことが大切です。

●失敗例⑤ 説得力ゼロ落ち

どの質問に対しても、抽象的で具体性のない答え方をしてしまい、面接官が納得してくれなかった。

▶面接の回答は、**必ず具体例・数値を盛り込みましょう**。抽象的な言葉は誰にでも当てはまるため、面接官の印象に残りません。

●失敗例⑥ 体調不良落ち

毎日毎日、エントリーシートを書き、筆記の勉強、会社説明会などで睡眠不足になり、面接当日に体調を崩してしまった。

▶就活は体力勝負です。体調不良では、面接でベストの受け答えはできません。睡眠をきちんととり、**体調管理に気をつけましょう**。

こんな人が高評価！ 面接必勝の6教訓

6教訓を簡潔にまとめると、以下のようになります。

❶就活前半にいくつか練習受験をしておく
❷質問には、結論から簡潔に答える
❸嘘はつかず、真実を伝える
❹企業の基本情報は覚えておく
❺面接の回答は、具体例・数値を軸にする
❻睡眠をきちんととり、体調管理に注意

PART
3

////// 面接時のマナー&心がまえ //////

面接時に知っておきたいテクニック②
トップ内定者から学ぶ、緊張を解く方法

面接で緊張しないために必要なのは、
練習とイメージトレーニングです。

● 最初は誰でも緊張するもの。練習としての面接が必要!

　初めて面接を受けるときは、誰でも緊張するものです。頭が真っ白になって何も答えられなくなってしまう人もいるほどです。しかし2回、3回と面接を受けていくと、ペースがつかめるようになり、平常心が保てるようになってきます。大切なのは、場慣れです。

　最初の面接が第一志望の企業にならないように、早めに何社かの面接を受けておくことをおすすめします。あくまでも練習だと思って開き直ってしまえば、初めての面接でもそれほど緊張しなくてすみます。第一志望の面接に向けて、練習を積み重ねていきましょう。

● 面接は「社員との懇親会」のつもりで受ける

　普通の受験者は「自分は受かるだろうか?」と不安な気持ちを抱えながら面接を受けています。しかし、トップ内定者は違います。受かる前から、すでに受かったつもりで面接を受けているのです。

　しかも面接を「社員との懇親会」のつもりで受けています。心のなかは不安の気持ちではなく、感謝の気持ちであふれています。そのため礼儀正しさを維持しつつも、面接官と冗談を言い合ったりするほど心に余裕があります。するとメンタルの強さやコミュニケーション力の高さが感じられ、面接官の評価が極めて高くなるのです。

●トップ内定者はイメージトレーニングをしている

　もう１つ大切なことは、**面接のイメージトレーニング**です。ほとんどの就活生は、イメージトレーニングという言葉は知っていても実行していません。たとえば、梅干しを食べることをイメージしただけで唾液が出てくるように、イメージの力は体に大きな影響を与えます。トップ内定者は、このイメージトレーニングを行うことによって、多くの面接で高評価を獲得しているのです。

　イメージトレーニングをすると、弱気な自分から強気な自分に心のスイッチ（意識）が切り替わります。繰り返し行うことによってますます効果が表れます。なぜなら繰り返すことによって、心のなかにある不安な気持ちを消し去ることができるからです。

　以下の「面接イメージトレーニング」を活用して、あなたも練習を始めましょう。早い人は数回、遅い人でも数十回行うと効果が表れます。志望企業を想定して**具体的にイメージするほど効果的**です。

トップ内定者に学ぶ！　面接イメージトレーニング

❶自分は志望企業から内定をもらっていると自己暗示をかける

❷受験者ではなく、すでに内定者である！

❸面接とは試験ではなく「社員との懇親会」である！

❹内定者だから失敗を恐れる必要はない

❺懇親会だから気負う必要はない

❻懇親会に呼んでもらえたのだから社員に感謝しよう！

❼内定者らしく元気に自信をもって接しよう！

❽社員との会話を楽しもう！

PART
3

面接時のマナー&心がまえ

面接時に知っておきたいテクニック③
第一印象で好感度アップ

受験者の第一印象は、面接室に入った瞬間に形成されます。
入室から着席までの大事なポイントを解説します。

● 面接官は入室や着席の瞬間もチェックしている

　面接で重要なことは、面接官の質問に答えるだけではありません。面接官は、受験者が「入室する瞬間」から「着席するまで」の様子もしっかりと観察しています。受験者がどんな人物なのか注目しているので、**入室や着席の様子で第一印象が決まります**。

　元気よくノックをすれば、「仕事も元気よく頑張ってくれそうな人物」という第一印象を与えられます。入室した瞬間に、しっかりアイコンタクトをして明るく挨拶をすれば、爽やかな印象をもってもらえます。面接官はどのような受験者を評価するのか、入室する瞬間から着席するまでの大事なポイントをそれぞれ解説します。

こんな人が高評価！ 面接室に入る瞬間のマナー

❶ 入室する前から笑顔に（何か楽しいことをイメージするとよい）

❷ ノックは、しっかりと3回（弱々しいノックは、弱気な人と思われるのでNG）

❸ ドアを開け、面接官の目を見て、「失礼します！」と笑顔で元気に挨拶する

❹ テキパキと入室して、ドアを閉める

❺ 面接官の目を見て、「よろしくお願いします」と笑顔で元気に挨拶する

❻ ビシッとお辞儀をする

こんな人が高評価！ 入室から着席までのマナー

❶ 姿勢よく、堂々と歩く（うつむきながらトボトボ歩くのは NG）

❷ 椅子の左側に立つのが基本（＝面接官から見て右側）

❸ 勝手に座らず、姿勢を正し、面接官の目を見て、指示を待つ

❹「どうぞ」と促されたら、落ち着いて座る

❺ 座り方：椅子には深くかけるが、背もたれには背をつけない
　　　　→二度座りをして位置を調整するのは OK

❻ 手の位置：ひざの上で軽く手を握る。または、ひざの上で手を重ねる

❼ 足の位置：両足を 20cm 程度開く位置に。または、両ひざ・かかと・つま先を揃える

● 作り笑顔はNG！ 感謝の気持ちをもって自然な笑顔で

　受験者が面接官に与える**第一印象は、入室した瞬間の表情で決まる**といっても過言ではありません。ただし、「作り笑顔」では一緒に働きたい人とは思ってもらえません。「作り笑顔」とは、心がこもっていない笑顔のことです。ベテラン面接官なら、受験者が「自然な笑顔」か、「作り笑顔」かは簡単に見抜いてしまいます。

　自然な笑顔になるには、まずは練習です。そして、**面接の機会と時間を与えてもらえたことに感謝する**のです。人は感謝の気持ちをもつと自然に笑顔になります。心がこもっていれば、たとえ緊張してぎこちない笑顔でも好印象をもたれます。**緊張していること自体はマイナスではありません**。面接は人生がかかった試験なのですから、緊張するのは当たり前です。

　高評価を得る人は、緊張に負けることなく、笑顔で接する人です。面接を受ける際には、面接官に対して感謝の気持ちを強くもち、心のこもった自然な笑顔で面接室に入りましょう。

PART 3 面接時のマナー＆心がまえ

75

PART
3

面接時のマナー&心がまえ

面接時に知っておきたいテクニック④

アイコンタクトはコミュニケーションの基本

目はコミュニケーションの中で重要な役割を担っています。
アイコンタクトは、高評価を得る最もシンプルな武器です。

● 簡単すぎて盲点！ 評価が3倍アップする方法

　採用試験は、面接重視の傾向が年々強くなっています。大半の企業は履歴書やエントリーシートの足切りラインを下げ、多くの受験者を面接試験に呼び、合否判断をしています。したがって、以前よりも面接で落とされる比率・人数が増えています。

　アイコンタクトとは、相手と視線と視線を交わすコミュニケーションの基本中の基本です。

　しかし、面接時にアイコンタクトをして、目に気持ちを込め、視線で伝えるという方法は、あまりにも単純すぎて、この重要性と絶大な効果をきちんと認識している受験者はほとんどいません。しかし、正しい方法を実行すれば、評価は一気に3倍アップになるといっても過言ではありません。

● 目で伝えることは、高評価の最も手軽な武器

　企業の採用担当者に「どんな受験者に熱意を感じますか？」と聞くと「目に力がある人」という回答が非常に多く返ってきます。「目に力がある」＝「当社を真剣に志望している」と感じるそうです。

　「目は口ほどに物を言う」という諺があるくらいです。相手の目を見ないで話すことは大変危険です。目を見て話さないと、口先だけの表面的な言葉＝「嘘」という印象を与えてしまうのです。

　瞬間的なアイコンタクトでは意味がありません。目に気持ちを込

めて、**面接中はずっと面接官の目を見て話す**ようにしましょう。

● アイコンタクトは、最終面接の決め手にもなる

　最終面接の決め手になるのも、アイコンタクトです。最終面接では、入社する強い意志があるかを確認する質問が多くなります。なぜなら入社意志が弱い人に内定を出しても、結局は辞退してきて、他社に入社されてしまうリスクが高いからです。

　「入社したい！」という強い意志を示すには、言葉だけでは不十分です。**質問には即答し、迷っている素振りを見せない**。面接官からは目をそらさず、相手の目を見てしっかり自分の意志を伝える。こうした態度が面接官の信頼を得て、内定につながるのです。

　アイコンタクトをしっかりすると、面接官もしっかり話を聞かなければという気持ちになります。真剣さのあまりキツイ目にならないように注意して、**感謝を込めた優しい目で面接官の目を見ながら、自信をもって堂々と話しましょう**。一次面接からアイコンタクトをしっかりしていれば、高い評価を獲得することができます。

こんな人が高評価！ 面接時の「視線」重要ポイント

❶面接官としっかりアイコンタクトをする
　→アイコンタクトをしないと自信がない人に思われてしまう
❷目をキョロキョロさせない
　→目をキョロキョロさせると落ち着きがない人に思われてしまう
❸感謝を込めた優しい目で見る
　→真剣さのあまり、キツイ目にならないように気をつける
❹複数の面接官がいる場合、自分に質問をした面接官を見る
　→目配りは、質問の当事者に9割、他の面接官に1割を目安にする

PART 3 面接時のマナー&心がまえ

77

PART
3

面接時のマナー＆心がまえ

ライバルと差をつける話術の基本①

面接官を名前で呼ぶ

トップ内定者は、面接官を「名前」で呼びます。
面接の基本ですが、実行している学生は1％もいません。

●「面接官のことをなんと呼べばいいですか？」

面接対策講座を行うと「面接官のことをなんと呼べばいいでしょうか？」と就活生から質問を受けます。「名前で呼びましょう！」とアドバイスしても、「生意気に思われないですか？」「マイナス評価されないですか？」と心配そうに尋ねられます。

相手の名前はすぐに覚える。相手を名前で呼ぶ。これはコミュニケーションの基本中の基本ですが、残念ながら99％の就活生にはそうした発想はないようです。実行しているのは、コミュニケーション力が極めて高い一部のトップ内定者だけ。面接官を「名前」で呼ぶことは、他の受験者と大きな差をつける特別な話術になります。

●面接官を「○○様」と呼ぶことで高評価

ビジネスの世界では、立場的に上の人を基本的に「○○様」と呼びます。「○○さん」では、相手を軽んじていると思われてしまう場合があります。面接官を「○○さん」と呼ぶのは、親しくなった場合や、相手からの指示があってからにしたほうがよいでしょう。

トップクラスの内定者は、面接官のことを「○○様」と呼んでいます。名前で呼ぶのは、決してマイナス評価されることではなく、「コミュニケーション力が高い」という印象を与え高評価されます。相手が面接官であっても名前を呼ぶことで精神的な距離も縮まり、親近感が一気に増します。この話術はぜひ取り入れましょう。

78

● 面接官に直接「お礼の手紙」を出すことも可能

　面接官の名前は、ネームカードを付けている場合はそれを見れば確認できます。付けていない場合は **「失礼ですが、お名前をお伺いしてもよろしいでしょうか」** と礼儀正しく尋ねましょう。

　面接官を「○○様」と名前で呼ぶと、面接官もあなたの話をしっかり聞いてくれるようになります。会社説明会の段階から人事担当者の名前を覚えておき、面接の際に「○○様」と話しかければ「よく私の名前を覚えていたね」と感心されます。

　さらには名前を覚えておくことで、面接後に **「お礼の手紙」を送ることができます。** 「人事部御中」ではなく、面接担当者に直接お礼状を出すことができるのは、とても大きなメリットです。これを実行している受験者は1000人に1人もいません。面接官を名前で呼び、お礼状を送ることで、他の受験者と決定的な差がつきます。

こんな人が高評価!　面接での「名前」の呼び方例

　場面別では、以下のように会話をするとよいでしょう。

面接の開始時
「○○様、本日の面接はよろしくお願いします」

面接の最中
「○○様のお話のなかに、質問させていただきたいことがありました」

「○○様のお話にとても感銘しました」

「私の考えに対する○○様の感想を伺ってもよろしいでしょうか」

面接終了時
「○○様とお話をさせていただいて、御社への気持ちがますます強くなりました」

「○○様、本日はお時間をとってくださり、誠にありがとうございました」

PART
3

面接時のマナー&心がまえ

ライバルと差をつける話術の基本②
大きな声で堂々と話す

面接では同じ話をしても、話し方によって与える印象が違います。
声を大きくするだけでも、ライバルと簡単に差別化できます。

● こんな人が高評価! 大きな声で堂々と話す4つのメリット

　人の印象を大きく左右するのは、話の「内容」よりも「話し方」
です。声の大きさ、トーン、表情、身振りなどによって、同じ話を
しても、相手に与える印象はまったく異なります。それは面接にお
いても同じです。「声は人なり」といわれるように、声は人の印象
の多くを形づくっています。

　面接で高評価を得る最も簡単な方法の1つは、大きな声で堂々と
話すこと。大きな声を出すだけで4つものメリットがあり、高評価
を得ることができます。

● メリット① 自信があるように見える

　大きな声で堂々と話す1つ目のメリットは、自信があるように見
えることです。同じ内容の自己PRをしても、**大きな声で話すと自
信があるような印象を相手に与えます**。逆に、小さな声で話すと自
信がないように聞こえます。

　自信があるように見える受験者と、自信がないように見える受験
者。面接官が採用したくなるのは、どちらでしょうか。断然、前者
でしょう。自己分析や企業研究を一生懸命頑張り、必死に自己PR
しても、おどおどした態度で小さな声で話してしまっては、今まで
の苦労が水の泡です。面接は大きな声で堂々と話しましょう。

80

●メリット② 集団面接でも印象に残る

　集団面接では自己PRの内容が他の受験者と重なってしまうことがよくあります。そういう場合に差がつくのも、声の大きさです。

　集団面接の対策として、自己分析を入念に行い、**自己PRのネタを増やしておくことは大切**です。そうすれば他の受験者と自己PRの内容がかぶってしまっても、臨機応変に対応できます。

　しかし、どうしても変えることができない場合には、大きな声で堂々と話すことでライバルと差別化できます。面接官が高評価するのは、もちろん**声が大きく堂々とした態度の受験者**です。

●メリット③ 面接の雰囲気を明るくできる

　大きな声を出す３つ目のメリットは、場の雰囲気を変えられることです。面接室に入るときに、大きな声で挨拶をすると「君は元気がいいね」と面接官が笑顔で褒めてくれて、その後の面接が明るく和やかな雰囲気になったりします。逆に小さな声でボソボソ挨拶してしまうと、面接が暗く沈んだ雰囲気になります。

　内定者とは、雰囲気に飲まれる人ではなく、**自分で雰囲気をつくることができる人**なのです。

●メリット④ リーダー候補と期待される

　個人面接でも集団面接でも、大きな声で堂々と話すことで「リーダーの素質がありそう」「周りによい影響を与えそう」と面接官に感じてもらえることが多く、入社後の活躍も期待してもらえます。

　自己PRの内容はいっさい変えていないのに、話すときの声の大きさを変えただけで、不合格が続いた受験者が次々と合格を勝ち取るケースが多々あります。いつもの２〜３割増しの声で話すことを心掛けて、ぜひ実行してみてください。

PART
3
面接時のマナー&心がまえ

ライバルと差をつける話術の基本③
感情を込めて話す&ボディランゲージ

面接では同じ話をしても、話し方によって評価は変わります。
感情を込める話し方やボディランゲージは高評価を得られます。

● 表情に気をつければ、自己PRの効果が倍増！

　人の印象は、内容よりも話し方（声の大きさ、トーン、表情、身振り等）に影響を受けます。声の大きさはもちろん、表情も大切です。面接官は受験者の表情もチェックしています。

　なぜなら言葉よりもむしろ表情のほうが受験者のホンネを語ることがあるからです。「笑顔で自己PRする人」と「無表情でする人」では、面接官に与える印象はまったく違います。前者からは強い志望意欲が感じられ、後者からは感じられません。「笑顔で面接官の質問を待っている人」と「下を向いてうつむいている人」、「質問されるとうれしそうな笑顔で回答する人」と「困った顔をする人」も同様です。表情にも気をつければ、自己PRの効果は倍増します。

　以下の４つのポイントを参考にして、表情にも気を配りましょう。

こんな人が高評価！ 面接中の豊かな感情表現

❶面接官の質問を待つときは、小さな笑顔（うつむき顔はNG）

❷質問直後は、うれしそうな表情（困った顔はNG）

❸質問に返答するときは、大きな笑顔（無表情はNG）

❹返答直後は、自信に満ちた笑顔（ため息や頭をかく、首をかしげるのはNG）

82

● ボディランゲージは、自然と人の目をひきつける

　ボディランゲージもコミュニケーションの重要な要素の1つです。ボディランゲージを交えて生き生きと話すと、人は自然とひきつけられます。それは面接でも同じです。

　面接官の質問に、**うなずき、身振り、手振り等のボディランゲージを交えて生き生きと返答する**。自己PRの重要な部分は、大きな身振りを交えて話がわかりやすくなるように伝える。こうした豊かな感情表現ができる受験者は、とても高く評価されます。

　それは「言葉に嘘がない」という印象を与えられるのはもちろん、**面接官の目に「非常に頼もしく」映る**からです。面接という誰もが緊張する場にもかかわらず、伸び伸びした振る舞いができるのは度胸がある証拠。入社してからも上司や顧客の前で萎縮することなく、自分のペースで仕事ができそうだと期待感をもってもらえます。

　ボディランゲージには、ほかにもさまざまな効果があります。以下の3つのポイントを参考に、ぜひ取り入れてみてください。

こんな人が高評価！ 面接中の豊かなボディランゲージ

❶ 小さなうなずき→話を聞くときに使う→聞き上手と思われる
❷ 大きなうなずき→確認のときに使う→発言内容を強調できる
❸ 手振り→自己PRの重要な部分で使う→強く印象づけられる

※注意：手振りの乱発は効果半減。自己PRの強調したいところだけ使うことで強い印象を残すことができます。姿勢を崩すのはボディランゲージの瞬間だけにして基本姿勢にしっかり戻すことも大切

PART 3 面接時のマナー&心がまえ

エビデンスを重視して話を組み立てる①
志望理由で評価を高める方法

面接ではエビデンスを重視して話を組み立てることが重要です。
志望理由の場合は、どのように話せばいいのか解説します。

●面接官に高評価される志望理由はどっち？

面接では、**エビデンス（具体的エピソードや数字、裏づけ）に基づいて話をすること**が重要です。それがあるかないかが合否を大きく左右します。まずは2人の受験者の志望理由を見比べてみましょう。AさんもBさんも同じ福祉事業の企業を志望しています。どちらの志望理由のほうが面接官に高く評価されるのか、あなたも考えてみてください。

Aさんの志望理由

私は人と接することがとても好きです。アルバイトもたくさんやってきました。御社であれば、子どもからお年寄りまでたくさんの人と接することができます。そのため、ぜひ御社で働きたいと思い、志望しました。

Bさんの志望理由

私はサークル活動を通じて、2年間、老人介護のボランティアをしています。御社の福祉事業では、お年寄りから小さなお子さんまで、たくさんの人に役立つ仕事ができると思います。そのため、ぜひ御社で働きたいと思い、志望しました。

さて、面接官の判定は？▶

● 面接官のコメント

　Ａさんは、人と接することが好きなことはわかりましたが、そういう人は多くいます。また、幅広い年代の人と接することができる企業に入りたいようですが、そういう企業は当社以外にもたくさんあります。**よくある志望理由という印象が強く**、「当社だから入りたい」という意欲はあまり感じられませんでした。

　一方、Ｂさんは「福祉事業を行っている当社だからこそ働きたい」という理由が伝わってきました。老人介護のボランティアを２年間やっている経験も当社の事業で活かすことができます。採用するなら、**より具体的な熱意・経験を示してくれたＢさん**になります。

● 面接官が高評価するのはエビデンスのある志望理由

　Ａさんの「人と接することが好き」というコメントは、大まかな言い方すぎて、**表面的な企業研究にとどまっている**印象を与えてしまいます。「アルバイトもたくさんやってきました」というコメントも、どんなアルバイトをどのくらいやってきたのかわかりません。

　Ａさんも具体的な例や数字を示せば、自己ＰＲにつながったかもしれないので、もったいないです。また、企業選びの条件が「人と接すること」では、どのような仕事でも当てはまるため、どんな会社でもいいようなマイナスの印象を与えてしまいます。

　その点、Ｂさんの志望理由には「サークル活動を通じて、２年間、老人介護のボランティアをしています」という具体的なエビデンスがあり、それが志望する企業の事業や仕事に結びついていました。

　志望理由に限らず、**面接官に伝える話は具体的であればあるほど、説得力が増して、志望の熱意が面接官に伝わります。**あなたの人となりもより具体的に伝わり、自分のこともよく知ってもらえます。

PART 3 面接時のマナー&心がまえ

エビデンスを重視して話を組み立てる②
自己PRで評価を高める方法

面接ではエビデンスを重視して話を組み立てることが重要です。自己PRの場合は、どのように話せばいいのか解説します。

● 面接官に高評価される志望理由はどっち?

面接では、エビデンスに基づいて話をすることが重要と前項で説明しましたが、では、自己PRの場合はどのようにしてエビデンスを組み立てたらいいのでしょうか。「笑顔」をアピールしたい2人の受験者の自己PRを見比べてみましょう。どちらの自己PRのほうが面接官により高く評価されるのか。あなたも考えてみてください。

Aさんの自己PR

私のセールスポイントは笑顔です。笑顔は接客に必要不可欠であり、笑顔には他人を幸せにする効果があります。なので、私は持ち前の笑顔で、すべてのお客様を御社のファンにしていきたいです。

Bさんの自己PR

私はファストフード店でアルバイトしています。毎日300人のお客様を満面の笑顔で接客しています。店長から笑顔トレーナーに指名されて、笑顔接客の新人指導も任されています。

さて、面接官の判定は？▶

● 面接官のコメント

私たちが知りたいのは、受験者がどんな人物なのかです。Aさんの自己PRには具体性がなく、笑顔についての一般論になってしまっています。セールスポイントが笑顔であり、笑顔には他人を幸せにする効果があるのなら、Aさん自身が**その効果を実感した実際のエピソードを話していただきたかった**です。

一方、Bさんの自己PRは「毎日300人を笑顔で接客」「笑顔トレーナーとして新人指導も任される」というエビデンスがあり、Bさん自身の人物像はもちろん、入社した場合に**どんな活躍ができるのかも具体的にイメージできます**。採用するなら、Bさんです。

● 面接官が高評価するのはエビデンスのある自己PR

Aさんの自己PRは、笑顔による成果・効果の具体的なエビデンスがありません。自分自身が体験したエピソードでもないため、仕事に貢献できる人物であることが伝わってきません。アルバイトやサークル活動などで**自身が経験した実際の体験談を伝えるべき**です。

Bさんは、店長から笑顔トレーナーに指名され、新人指導を任されているという成果が、この自己PRの説得力を高めています。数字（300人）や具体例（店長から笑顔トレーナーに指名、笑顔接客の新人指導も任される）を中心とした自己PRになっているので、仕事で貢献できる能力がイメージしやすくなっています。

笑顔をアピールする受験者はあまりにも多いため、面接官の印象に残りにくく、**その他大勢のなかに埋没しがち**です。ただ単に笑顔をPRしても受かりません。しかし、単に笑顔を軸にアピールするのではなく、笑顔による成果や効果を具体的にアピールできれば高評価に変わります。

PART
3

面接時のマナー＆心がまえ

ピンチを脱出する方法

面接では、思いもよらないピンチに陥ることがあります。
いざというときの対処法を覚えておきましょう。

【Case.1】面接に遅刻しそう！

就活のピーク時は、**遅刻のリスクが高まります**。同じ日に２社以上の予定（面接、説明会、質問会、懇親会など）が入ることは珍しくなく、前の会社の面接や説明会が大幅に延びてしまい、次の会社の面接時間に間に合わなくなってしまったりもします。

ほかの予定がなくても何カ月にもわたって就活を頑張っていると、疲れが蓄積して寝起きが悪くなります。目覚まし時計でいったん起きても二度寝して、寝坊で遅刻したりします。

また、初めて訪れる都市の交通機関はわかりにくいので、電車の乗り過ごしや乗り間違い、あるいは道がわからず迷子になるケースもあります。面接に遅刻しそうなときは、どうしたらいいのでしょうか？

● こんな人は低評価！ 無断遅刻は不合格のペナルティ

遅刻しそう、あるいは遅刻したのに連絡をしない、謝罪もしない。そんな**無断遅刻は絶対に NG** です。無断遅刻＝不合格という企業は多くあります。会社説明会の遅刻で不合格にする企業もあります。時間厳守は、社会人にとって最低限のルールなのです。

遅刻をしそうになったなら、**すぐに人事に連絡を**入れましょう。メールを送っても相手が気づかない可能性があります。できるだけ電話で連絡しましょう。そして到着したら、速やかに謝罪しましょう。連絡と謝罪をしっかりすれば不合格の確率は下がります。

88

●こんな人が高評価！ ピンチをチャンスに変える方法

　遅刻しそうになっても、ピンチをチャンスに変える方法はあります。以下の方法でピンチを脱出してプラス評価に変えましょう。

❶遅刻判明時
　遅刻するとわかった時点で、すぐに人事の方に電話連絡することが大切です。迷惑をかけたことを謝罪し、どれくらい遅れそうかを伝え、相手の指示を仰ぎましょう。このときに忘れてはならないのは、謝るだけでなく、指示をいただけたことに対する感謝の言葉を述べること。対応してくださった方の名前も必ず覚えておきましょう。

❷到着時
　面接を受ける会社に到着したら、対応してくださった人事の方に謝罪と感謝の言葉をしっかりと伝えましょう。

❸退社時
　面接が終了したら、会社を出る際に再度、対応してくださった人事の方に、謝罪と感謝の言葉をしっかりと伝えましょう。

❹帰宅時
　帰宅したらすぐに、対応してくださった人事の方に謝罪と感謝の手紙を書きましょう。その日のうちに速達で送ることが大切です。

\坂本POINT/

遅刻は、対応次第でプラスの評価に変えられます。面接に遅刻する、この大変なマイナス状況においてどんな行動をとるかで、採用担当者の評価は180度変わります。内定者とは、ピンチを大チャンスに変えることができる人なのです。

【Case.2】面接の日に風邪をひいてしまった！

　面接なのに風邪をひいてしまった。声がかれて普通に話すことができない。そんなときはどうしたらいいのでしょうか？

● Web面接の場合：プラスの評価にできることも

　Web面接の場合は、あくまで軽微な風邪で声がかれていたり、たまに咳が出るくらいなら「風邪の影響で喉の調子が悪いです。聞き苦しくて申し訳ありません」と最初にきちんと伝えれば、まったく問題ありません。そして「喉の痛さなんかには負けません」と言って、一生懸命に話せば、マイナスどころか「頑張り屋さん」という印象を与え、プラスの評価を得ることができます。風邪は一時的なものですから面接官は深刻に考えません。Web面接に参加できる体調なら、ピンチをチャンスに変えましょう。

● 対面の場合：礼儀正しく謝り日程を変更してもらう

　対面の場合は、絶対に無理をしないでください。他の受験者や面接官にも迷惑をかけてしまいます。無理をしないで日程を変更してもらいましょう。人事に電話をして相談をすれば、あなたの声で体調の悪さは伝わります。通常は日程を変更してもらえます。「大事な日に体調を崩し、ご迷惑をおかけして申し訳ございません」としっかりとお詫びすれば、「礼儀正しい受験者」としてむしろプラスの印象に変えることができます。

● 注意！ 就活時期は体調管理が大切

　面接当日に体調を崩してしまっても致命的なマイナス評価にはなりません。ただし、症状が長引くと就活全体に影響が出てきます。就活の時期は疲労がたまり、体調を崩しやすくなります。食事や睡眠時間にも気を配って、健康管理には十分注意しましょう。

【Case.3】知識不足のことを面接で聞かれてしまった！

　面接では、知識不足・勉強不足のことを質問されてしまう場合があります。面接官のなかには、受験者が嘘をつかない正直な人間かどうかを調べるために、あえて**受験者が知らないような難しい質問をすることもあります**。自分が知らないことを質問された場合は、どのように答えたらいいのでしょうか。質問に答えられないと、落とされてしまうのでしょうか？

● こんな人は低評価！ 知ったかぶり・ごまかしは絶対NG

　まず絶対にやってはいけないのは、「知ったかぶり」や「ごまかし」の返答をすることです。そんな返答をすると、あなたの**エントリーシートの記載内容や面接の発言内容のすべてが疑わしく**なり、人間としての信頼が大きく揺らいでしまいます。人は誰でも信頼できない人や嘘をつく人とは一緒に働きたくないものです。知ったかぶりやごまかし返答は評価が大幅に下がり、まず落とされます。

● こんな人が高評価！ 正直さ&向上心が伝わる返答

　自分が知らないことを質問された場合は、**答えられないことを正直に伝えて謝りましょう**。そして、聞かれた質問について学ぶ姿勢を示しましょう。「大変申し訳ありません。勉強不足で正確に返答できません。次回の面接までに調べてきます」と、知らないことを**学ぶ姿勢を示して、向上心があることを伝える**のです。

　採用担当者は、知識よりも「正直さ」や「向上心」のほうがはるかに大事だと考えています。知識は勉強すれば身につきますが、正直さや向上心は勉強して身につくものではなく、受験者の根元的な人間性や素質を表します。志望企業の基本情報は当然学んでおくべきですが、知らないことを質問されても慌てる必要はありません。正直さと向上心が伝わる返答をして高評価を獲得しましょう。

91

PART 3 面接時のマナー&心がまえ

面接官の印象に残る逆質問とは?

面接官から「何か質問はありますか?」と聞かれたときには、どう答えたらいいのか、高評価される逆質問を解説します。

● 逆質問の意図は、受験者の志望熱意のチェック

面接では、面接官から「何か質問はありますか?」と逆に質問されることがあります。近年の就活ではこういった「逆質問」が増えてきています。面接官が逆質問をするのには、**受験者の志望熱意の高さをチェックする意図**があります。

志望熱意の低い人は、企業研究をあまりしないで面接を受けます。志望熱意の高い人は、深い企業研究をして面接に臨みます。そのため質問の内容で志望熱意の高さがチェックできてしまうのです。

では、どんな質問をすると、面接官から低評価をされてしまうのでしょうか。まずは逆質問のNG例を見てみましょう。

NG質問 こんな人は低評価! 逆質問のNG例
- 「御社の仕事のやりがいを教えてください」
- 「御社の社員数を教えてください」
- 「御社の研修制度について教えてください」

これらは、Webサイトの採用情報ページを見ればわかる質問です。そのため、この程度の基本的な企業研究もしていないことを露呈してしまうことになります。よって、**志望熱意が低いと判断され**、低評価をされてしまいます。面接を受ける際には、どんな逆質問をすべきか、事前にしっかりと考えておく必要があります。

● 高評価を得る逆質問とは?

面接官から高い評価をされる質問は、大きく分けると2つあります。1つは、**仕事意欲の高さが感じられる質問**、そしてもう1つは、**深い企業研究をしていることが感じられる質問**です。高い評価を得られる逆質問の例を見てみましょう。

こんな人が高評価! 逆質問の例①

・「御社の仕事では、どのようなリーダーシップの取り方が大切ですか?」

この質問には、受験者が自らリーダーになろうとする意欲が感じられます。また、企業によってリーダーシップの発揮の仕方が異なることを理解している企業研究の成果も感じられます。面接官は、受験者が成長意欲のある人材かどうかもチェックしています。このように**入社後の働き方も見据えた逆質問**は、高い評価を得られます。

こんな人が高評価! 逆質問の例②

・「御社の店舗見学をした際、他社の店舗と比較すると○○の点がよく工夫されていることに感動しました。これには、どのような理由があるのか教えてください」

この逆質問からは、志望企業の店舗見学をしたうえで、さらに他社と比較することで深く企業研究をしていることがわかります。このように**フットワークとヘッドワークをしっかり行っている**ことが感じられる質問内容は、面接官から高い評価を得られます。次ページで、逆質問のさまざまな例を紹介します。「仕事意欲」と「企業研究」の2軸で考え、志望熱意の高さをアピールしましょう。

こんな人が高評価!「仕事意欲」をアピールする逆質問

・「新入社員にとって、先輩方の信頼を得るために重要なことはなんですか?」
・「忙しくなるのはどのようなタイミングなのか、1週間、1カ月、1年間の仕事の流れを教えてください」
・「仕事で活躍するために必要なスキル、知識、心構え、取得したほうがいい資格を教えてください」
・「新入社員時代に努力すべきことは、どんなことですか?」
・「入社するまでに学んでおいたほうがいいことがありましたら、ぜひ教えてください」

これらの質問は、どれも仕事意欲の高さを感じさせる内容です。入社後の仕事への興味を示し、志望熱意の高さをアピールしましょう。

●さらに評価を高める、逆質問の5シーン

逆質問が効果を発揮するのは、実は面接の場だけではありません。以下の5つの場面でも逆質問をして志望熱意をアピールすることで存在感を高め、他の受験者と差をつけることができます。

❶業界セミナーなど各種セミナーの場
❷会社説明会、合同説明会
❸インターンシップ説明会、実際のインターンシップの場
❹OB・OG訪問
❺会社訪問、工場見学、店舗見学

OK質問 こんな人が高評価！「企業研究」をアピールする逆質問

- 「御社のWebサイトの経営計画に書かれている○○について詳しく聞かせてください」
- 「御社の○月○日のプレスリリースについて質問があります」
- 「御社の会社説明会で○○様がおっしゃっていた○○について質問があります」
- 「○○新聞の○月○日付の御社の記事に書かれていた○○について、詳しい内容をお聞かせください」
- 「御社の店舗見学（工場見学、会社訪問）をした際に拝見した○○について質問があります」

これらの質問は、どれも深い企業研究を感じさせる内容です。企業研究をしていることを伝え、志望熱意の高さをアピールしましょう。

●これらをチェック！ 企業研究を深める方法

企業研究を深めるためには、さまざまな情報源に当たることが大切です。以下を参考に企業研究を深め、逆質問に活かしましょう。

- ☐ IR情報の研究（プレスリリース、経営計画など）
- ☐ 新聞を使った研究
- ☐ 『会社四季報』やビジネス誌を使った研究
- ☐ 競合他社との比較
- ☐ 企業訪問、店舗見学、商品やサービスを購入しての研究

PART
3
面接時のマナー&心がまえ

面接前後にできる評価アップ術

高評価を得るチャンスは、意外なところにあります。
面接前後にできる4つの評価アップ術を紹介します。

● 面接前後の4つの場面で高評価を得よう!

　高評価を得るチャンスは、実は面接の前後にもあります。採用担
当者は、受験者の素の姿をチェックしようとするので、**面接前後の様
子も評価対象**になっています。面接でなんらかの失敗をしても、面
接以外の場面で高評価を得たことで内定を獲得した人は極めて多い
のです。面接前後のマナーや態度でも高評価を目指しましょう。

①面接会場の「受付」で評価アップ

　まずは面接会場の受付でのマナーや態度です。大半の受験者は、
受付でマナーに反した行動をとって失敗します。ここで高評価を得
れば、他の受験者と差をつけられます。受付の人が人事担当者でな
くても気を抜いてはいけません。以下の5点で評価アップしましょう。

こんな人が高評価! 受付での評価アップ術

❶ コートは、受付する前に脱いでおく（帽子やマフラーも同様）
❷ 受付の人には、きちんと立ち止まり、向き直って挨拶する
❸ 挨拶や会話をするときは、アイコンタクトと笑顔を忘れない
❹ 受付の人も面接官と考え、明るく、元気に、礼儀正しく接する
❺ 手続きが済んだら、アイコンタクトをしてしっかりお礼を言う

　受付の人にも気配りを忘れない受験者は、高評価を得られます。
コミュニケーションの基本は、笑顔とアイコンタクト。受付の人と

96

明るく会話をすることによって、緊張が和らぐ効果もあります。

②面接試験の「待合室」で評価アップ

待合室での過ごし方、座り方、姿勢、荷物の置き方などにも受験者の素の姿が見えるものです。面接試験の待合室に人事担当者を配置して、受験者の様子をチェックしている企業は多くあります。待合室でも油断は禁物。以下の7点で評価アップを目指しましょう。

こんな人が高評価！ 待合室での評価アップ術

❶ 他の受験者に軽く挨拶して、笑顔で簡単な自己紹介をする

❷ 座ってからは、知人がいても余計なおしゃべりはしない

❸ 荷物は膝の上に置き、他の受験者のために席を開ける

❹ 居眠りをするなど、だらしない姿は見せない。姿勢よく待機

❺ 携帯電話をマナーモードに切り替える

❻ 待合室の外の通路やトイレでも静寂を乱さない

❼ 会社案内や就活ノート、新聞、ビジネス誌などを静かに読む

待合室に入ったら、**周囲の受験者と軽く挨拶を交わして、笑顔で簡単な自己紹介をしましょう**。コミュニケーションスキルの高い受験者として高い評価を得られます。軽く会話を交わすことによって、緊張が和らぐ効果もあります。

座ってからは、**余計な雑談などはせず、姿勢正しく、静かに**待ちましょう。そうした姿は、たとえ人事担当者が見ていなくても自分を律して真面目に働くタイプと判断され、高く評価されます。

スマートフォンをいじったりせず、会社案内や就活ノートに目を通すことで面接への最終準備も整い、志望熱意の高さもアピールできます。面接試験の待合室でも、人物評価は行われていると心得ましょう。

③面接の「終了時」に評価アップ

　面接官は、面接終了時の態度もよく観察しています。受験者の緊張がほどけ、素の部分が出ることが多いからです。せっかく面接を頑張っても、面接終了後に評価を落としてしまう人もいます。以下の5つはNG行為。ついやってしまう人が多いので要注意です。

こんな人は低評価！ 面接終了時のNG行為

①心配そうな表情や不安そうな表情を見せる
②うなだれる
③苦笑いをする
④ため息をつく
⑤首をかしげる、頭をかく

　心に余裕のある受験者は、面接官とアイコンタクトをしてお礼を言います。そうした落ち着いた態度は、しっかりした人という印象を与え、評価がアップします。以下の態度を参考にしましょう。

こんな人が高評価！ 面接終了時の評価アップ術

笑顔で面接官の目をまっすぐ見て、落ち着いた態度で「ありがとうございました」とお礼を言い、会釈をする

●覚えておこう！　面接終了後の雑談の意図

　面接終了後に受験者と雑談をする面接官がいます。「本日の面接はいかがでしたか？」と聞かれたときは、どう答えればいいのでしょうか。この質問には面接官の3つの意図が隠されています。

❶フランクに話しかけ、受験者の隠れた本音を探る
❷雑談能力のチェック（仕事ではお客様との雑談もとても大切）
❸採用するか不採用にするか迷っている場合の補足質問

面接終了後の雑談で大事なのは、お礼の言葉を基本にして、明るく、元気に、堂々と話すこと。雑談なので**面接官から笑いをとる**くらいの余裕を見せたほうが評価は高くなります。

こんな人が高評価！ 面接後の雑談・評価アップ回答

・「はい、私は御社が第一志望ですので、今回、社員の皆様とお目にかかることができて、とても光栄でした。本日は、お時間をとっていただきまして、本当にありがとうございました！」

④面接終了後の「退室時」に評価アップ

受験者の退室時の態度を評価の対象とする面接官も多くいます。**後ろ姿や歩き方には、その人の精神状態が表れる**ものです。面接は最後まで油断禁物。以下を参考に退室時にも評価アップしましょう。

こんな人が高評価！ 退室時の評価アップ術

❶椅子から立ち上がり、椅子の左側にしっかりと立つ
❷「ありがとうございました」と明るく元気に言い、お辞儀をする
❸出口に向かって、姿勢よく、堂々と歩く
❹ドアの前で振り返り、面接官のほうを向き、姿勢を正す
❺「失礼します」と明るく元気に言って、お辞儀をする
❻ドアを開け、退出する（ドアの開閉は音を立てず静かに）

退室の際の歩き方や最後の挨拶がよいと、爽やかな余韻を残します。そして面接官に「また会いたい」という気持ちが起こります。最後にこうした印象を残すことができれば、たとえ面接中にマイナス評価をされる言動があっても挽回できます。

面接は受け答えだけで合否が決まるわけではありません。面接前後のマナーでも高評価を積み重ね、内定を獲得しましょう。

PART
3
面接時のマナー&心がまえ

面接直後にできる評価アップ策&
失敗リカバリー策

1つの面接が終わっても、次の面接が待っています。
面接直後にできる合格力を飛躍的に高める方法を紹介します。

● みんながやってない、合格力を飛躍的に高める3つの方法

面接は一度で終わりではありません。成功したら次の面接に活か
し、失敗してもリカバリーして次につなげることが大切です。面接
直後にできる、合格力を飛躍的に高める3つの方法を紹介します。

その方法とは、採用担当者、知り合った社員、内定者たちにある
ことを聞くだけです。すると、次の面接ではなにを話せばよいのか
の判断力が大幅にレベルアップするのです。この評価アップ策&失
敗リカバリー策をやっている受験者はほとんどいません。小さな努
力で大きな成果が得られますので、ぜひ実行してみてください。

● ①合否の連絡を受けたときに社員に理由を尋ねる

採用担当者から合格の連絡がきても、普通は次回の面接日に関す
る話しかしないものです。このときに自分がなぜ受かったのか、ど
こを認めてもらえたのか、「合格理由」を聞いてみましょう。

礼儀正しく、誠意をもって聞けば、多くの担当者がなんらかのコ
メントをしてくれます。このコメントが、次回の面接を受ける際に
非常に参考になります。勇気を出して聞いてみましょう。

不合格の場合も同じです。一般的には受験者に不合格の理由は伝
えないものですが、教えてもらえる場合もあります。不合格の理由
がわかれば、次の面接の対策が立てやすくなり、合格力が飛躍的に
アップします。

②OB・OG訪問や職場訪問、セミナー等で知り合った社員に聞く

面接が終わったら、すぐに**その日の受け答えを就活ノートに書き出しましょう**。できるだけ詳しく正確に再現することが大切です。それをOB・OG訪問や職場訪問、セミナー等で知り合った**複数の社員に見てもらい、受かった理由や落ちた理由を聞いてみましょう**。

実際にその会社で働いている社員による社会人目線のアドバイスは、学生目線では気づけないことを指摘してもらえるので非常に参考になります。それらの回答によって、採用担当者がどのような点に着目していて、どのような質問を考えているのか、またそれに対してどう改善すべきかがわかるようになります。

直接聞けない場合は、メールで聞きましょう。注意点は礼儀正しく丁寧にお願いすること。このような場合に備えて、定期的にメール等でコミュニケーションをとっておくことをおすすめします。

③内定者に聞く

面接での受け答えをノートに書き出して、合格・不合格の理由を内定者に聞くこともおすすめです。あるいは、自分が面接で受けた質問を内定者に質問して、自分の返答と比較してみましょう。自分の返答を客観的に評価できて、改善点が判断できるようになります。

さらにもう1つ、**内定者の陰の努力**（企業研究、自己分析）についてもしっかり聞きましょう。返答を真似するのではなく、陰の努力を真似することが受かる力をつける一番重要なポイントです。

できれば複数の内定者に聞きましょう。自分に不足していることが具体的にわかり、今後の指針や改善点が明確に判断できるようになります。就活の初期段階では面接に不安や苦手意識があるものです。この3つは私の主宰する就職塾で効果が高かった面接スピード上達法です。ぜひとも実行して、次の面接に活かしてください。

101

PART 3 面接時のマナー&心がまえ

面接に落ちたときの考え方と対処法

面接に落ちても、合格力を高めるチャンスに変えられます。
面接時の態度や言葉を振り返り、次の面接に活かしましょう。

◉不合格になった場合の3つの評価アップ術

面接に落ちてしまったときは、その面接について**振り返り、しっかりと検証することが大切**です。そして、次の面接で高評価を得るための手掛かりに変えましょう。大事なポイントは、以下の3つです。

> **こんな人が高評価！ 面接に落ちたときの対処**
> ❶態度を振り返る
> ❷言葉遣いを振り返る
> ❸次の面接に活かす

まずはP68～69の「面接マナーチェックシート」を参考に面接前後の態度を振り返ってみましょう。これらのマナーがしっかりできていたら、落ちた原因は面接中の態度にあるのかもしれません。

◉①真剣すぎる態度に注意！ にらむようなキツイ目はNG

面接中に緊張のあまり真剣になりすぎて落ちてしまう受験者が、実は少なくありません。面接は戦いの場ではなく、コミュニケーションの場です。友人を見るような優しい目で面接官を見て、笑顔を心掛けましょう。最初から最後まで**笑顔を維持する**ことで、合格力は飛躍的に上がります。

②ラフな言葉遣いに注意! 言葉の言い換えを覚えよう

面接中は、面接官との会話を楽しむことも大切です。しかし、**言葉遣いは注意する必要があります**。面接では社会人としての一般常識やコミュニケーションスキルの有無もチェックされています。面接で以下のような言葉を使っていなかったか、振り返ってみましょう。

NGワード

こんな人は低評価! 面接で使ってはいけないNGワード

- × ぶっちゃけ → 正直に言いますと
- × 自分は〜 → 私は〜
- × マジで〜 → 本当に〜、かなり〜
- × 〜みたいな → です
- × はまっている → 興味をもっている、夢中になっている

③落ちたことを活かして、強力な自己PRにする

面接に落ちたことを引け目に感じる必要は、まったくありません。

トップクラスの内定者は、**落ちたことを強力な自己PRに変えて**、その後の面接では合格しています。次回の面接では、落ちたことを自己PRのネタにしてみましょう。そして内定を獲得しましょう。

OK回答

こんな人が高評価! 不合格を自己PRにする評価アップ術

・「私は〇〇社の採用試験に落ちました。それは知名度だけで企業を選んでいたからだと思います。これまでは表面だけを見て企業研究をしていましたが、今は中身をしっかり見るようにしています。OB・OG訪問、店舗見学、実際にサービスを利用したり、株主向けのアニュアルレポート、中期経営計画も読むようになりました」

column

第一志望の面接日程は後半に！

就活を成功させるには、日程の組み方が大切になります。
第一志望の面接日程は、後半にすることが重要です。

●うまくいかなくて当たり前。失敗を恐れず受けてみよう

　初めての就活は、わからないことだらけです。最初はうまくいかないのが当たり前です。大事なことなので、改めて繰り返します。だからこそ、第一志望の面接日程は後半にしましょう。

　面接はとにかく場慣れすることが重要です。面接日程の前半は「会社とは、どのようなところかを知るために受ける」くらいの気持ちでいいのです。気軽に受けるために志望業界とは全く別の企業を受けてみるのも１つの方法です。たとえば、金融業界を志望していても、最初は食品業界を受けてみる。興味のない業界なら緊張することもありません。失敗を恐れず、まずは面接を受けてみましょう。

●就活はオリンピックと同じ。地方選からスタートしよう

　最初から第一志望を受けてしまうのは、スポーツを始めたばかりなのに、いきなりオリンピックに出場するようなものです。それではうまくいくはずがありません。オリンピックに出場するのは、地方予選から順に勝ち上がってきた選手ばかり。就活も同じです。

　そのためには、できるだけ早い時期から就活を始めることも大事なポイントです。最初はどこでもいいから場慣れするために受けてみる。第一志望の企業を受けるためにコンディションを調えていくイメージです。小さな成功体験を何度も積み重ねていくと、次第に場慣れし、合格力も飛躍的に伸びます。本当の勝負はそこからです。

PART

4

面接別の対応策を準備しよう!

面接には個人面接や集団面接、

グループディスカッションなど、さまざまな種類があります。

それぞれの面接官のチェックポイントや

注意点などを理解することで、

ライバル学生と差をつけることができます。

PART
4

面接別の対応策を準備しよう！

個人面接の評価基準

個人面接の評価基準はどんなところなのでしょうか。
面接官のチェックポイントを紹介します。

● 面接官のチェックポイントは次数によって違う

面接官のチェックポイントは、**面接試験の次数によって違います**。
各面接では、以下のポイントに注意しましょう。

①一次面接
主なチェックポイント＝基本的なコミュニケーション力
□マナーのよい挨拶ができるか
□笑顔でハキハキ話せるか
□丁寧な言葉遣いを心掛けているか
□質問をしっかり聞いて、きちんと受け答えができるか

②二次面接
主なチェックポイント＝仕事の適性
□当社の仕事で活躍できる素質や行動特性があるか
□当社の仕事で活躍できる基礎的な知識や能力をもっているか
□チームワークがとれるか

③三次面接
主なチェックポイント＝志望度
□当社が所属する業界、当社の事業内容の特徴をわかっているか
□当社の仕事内容を具体的に理解したうえで志望しているか

□当社への志望度は高いか

④最終面接
主なチェックポイント＝入社意志と成長性
□他社ではなく、当社に入社したいという熱い思いをもっているか
□当社の仕事に取り組みたいという強い意志をもっているか
□当社で成長することが感じられるか

こんな人が高評価！　一次面接突破の重要ポイント

　まずは一次面接を突破しないと内定獲得はできません。一次面接では、志望理由の明確さ、自己PRの説得力の高さは、それほど問われません。以下の5つのポイントで、高評価を目指しましょう。
□笑顔：明るい笑顔で面接官と話しているか
□発声：聞き取りやすいハキハキした声で、面接官と話しているか
□姿勢：姿勢よく席に座っているか
□返答：質問に対して的確に答えているか、質問とズレていないか
□調査：当社の基本情報は調べてあるか

●面接突破の秘訣！　模擬面接をしておこう

　人間は初めてのことを経験するときには、心身が緊張するようにできています。たとえば、初めて冬山を登山するときになんの警戒心ももたずに行動したら大惨事を招きます。緊張とは、そうした事態を避けるための本能的なメカニズムです。しかし、面接の際にこのメカニズムが活発に作動してしまうのは大問題です。

　面接を受ける前には、キャリアセンターの先生やOB・OG、内定者の先輩、親などに模擬面接をしてもらいましょう。そして、上記の5つのポイントをチェックしてもらい、ダメだった点を指摘し

107

てもらうのです。それらを修正して面接に臨めば、確実によい結果が得られます。

● 要注意! こんなところでも評価されています

面接の合否は、受け答えだけで決まるわけではありません。以下の場面にも要注意。油断してはいけません。

□受付：受付できちんと挨拶しているか（無愛想な接し方はNG）

□待合室：落ち着いた態度で待っていたか（スマホいじり、通話、おしゃべりはNG）

□誘導係の社員：礼儀正しく接しているか（無愛想な接し方はNG）

● 厳重注意! これをやったら不合格になる可能性も

以下の行為は完全なNGです。これらをやったら、即不合格になる可能性があります。大変危険です。

□社員が話をしているときに、スマホを操作する

□社員が話をしているときに、あくびをする

□社員が重要な話をしているときに、メモをとらない

● 面接でライバルと差をつける方法

有名企業・人気企業には応募者が殺到し、受験倍率が100倍以上になることは珍しくありません。各段階の注意点に加えて、以下の方法を実行すれば、高倍率突破が容易になります。

①一次面接でライバルと差をつける方法

◎受付の社員、誘導係の社員、待合室の社員などにも笑顔で挨拶する（これらの社員も人物評価をしているケースが多い）

◎社員への質問を10程度用意して、機会を見つけて質問する（深い企業研究をして面接に臨んでいることが高評価される）

②二次面接～三次面接でライバルと差をつける方法

◎志望理由や入社してやりたい仕事について質問された際は、経営企画やプレスリリース、新聞記事を引用した返答をする（返答例：「○○新聞で御社の記事を読み、○○の仕事にぜひ取り組みたいと思いました」）

◎自己PR・学生時代に力を入れたことへの質問の際に、入社後の仕事の抱負を最後に付け加える（返答例：「～以上の経験を生かし、御社の○○の仕事で貢献できる社員を目指します」）

◎自己PRが苦手な人は、自己PRの内容を端的に示すサークル活動やアルバイトなどの写真を持参し、提示する

③最終面接でライバルと差をつける方法

◎社長や役員による質問の際には、経営企画やプレスリリース、新聞記事を引用した返答をする

◎入社意志を確認された際には、入社すると即答する（人気企業では、少しでも迷いを見せると落とされることが多い）

こんな人が高評価！ 出会った社員全員に「きちんと挨拶」

　採用担当者は、受験者の素の姿をチェックしようとしています。社屋の入口、出口、受付、カフェスペース、自販機前、待合室、トイレなど、あらゆるところであなたをチェックしています。そして、受験者の社屋内での態度などの情報を、ほかの社員からも収集しています。

　企業の建物の近くに来たら、出会う社員全員が、たまたますれ違う社員ですら、すべて採用担当者の可能性があると考えてください。ラフでカジュアルな服装で、一見アルバイトのような雰囲気の人が社員や役員の場合もあります。すべての方に「きちんと挨拶」をすることを心掛けましょう。

PART 4 面接別の対応策を準備しよう！

集団面接で重要な時間管理

集団面接で大切なのは、ダラダラ長く話さないこと。
時間管理が合否を分ける重要なポイントです。

●こんな人が低評価！ 集団面接での3つの注意点

集団面接は、いくつかの質問に対して、**順番に答えていく面接**です。多くの受験者が評価を落としているのは、以下の３つの行為です。

①他の受験者の話を聞いていない
②積極的に発言しない
③時間を気にせず、ダラダラと長く話す

面接官は集団面接で、協調性やチームワーク力、積極性に注目しています。他の受験者の話を聞かない人、消極的な人が低評価になりますが、特に多くの受験者が**陥りがちな失敗**が③です。

●「長々喋り」はNG！ 発言時間に要注意

集団面接では発言時間の使い方が、極めて重要な評価ポイントです。ダラダラと長く話していると評価は大きく下がります。

集団面接は、自分ひとりで受けているわけではありません。**他の受験者にも配慮して、発言は要領よくまとめ、短時間で話す**ようにしましょう。**15〜30秒くらいが高評価を得る適切な長さ**です。

どんなに長くても45秒くらいに留めましょう。1分を超えると、他者に配慮できない、協調性やチームワーク力に欠ける対人コミュニケーション力の低い人物といった厳しい評価を受けてしまいます。

●面接官の集中力は15秒

　集団面接に限らず、面接では**短く簡潔に答える**ことが高評価を得られる重要ポイントです。受験者人数が極めて多い人気企業・大企業では適切な発言時間は15秒といわれています。あまりに短くて驚くかもしれませんが、面接官の集中力がもつ時間は約15秒なのです。

\発言経過時間と面接官の集中力/

第1段階	0～15秒	集中状態
第2段階	16～30秒	半集中状態
第3段階	31～45秒	上の空状態
第4段階	46～60秒	飽き飽き状態
第5段階	61～	イライラ状態

　面接官は、受験者が話し始めてから約15秒で集中力が低下し、半集中状態になります。この状態になると受験者が話していることの半分くらいしか頭に入りません。さらに30秒をすぎると上の空状態となり、1～2割しか頭に入りません。

　45秒をすぎると、もはや飽きてしまって「早く終わらないかな……」と思い始めます。60秒をすぎると「この受験者は話にまとまりがないぞ。時間の無駄遣いだ」とイライラ状態になります。

●集団面接は「長々喋り」に気をつけよう！

　受験者は、あれもこれもと盛り込んで長々と話しがちですが、それは大変な逆効果です。

　ましてや他の受験者も聞いている集団面接ではなおさらです。面接官はもちろん、他の受験者が飽き飽き状態やイライラ状態に陥っていることに気づかずダラダラと話し続けていると、周囲の気持ちに配慮しない**自己中心的な人物**だと判断されてしまいます。

● こんな人が低評価！　不合格者の実例

「長々喋り」の実例を紹介します。以下のような話し方はNGです。

NG例

面接官　自己アピールをしてください。

受験者　はい、私のアピールしたいことは3つあります。1
つ目は、行動力があることです。私は大学時代、キャンプ
サークルに所属していたのですが、活動がマンネリ化して
参加メンバーが減ってしまいました。そこで私は部長とし
て他の大学のキャンプサークルに話を持ちかけ、合同キャ
ンプを企画したり、交流会を企画したりして、サークルの
メンバーが笑顔で楽しめるようなサークル運営をしまし
た。その結果、メンバーからは、あなたのおかげでサーク
ルがとっても楽しくなった、また参加したい、と言っても
らえました。このように私は、行動力のある人間です。2
つ目は、企画力があることです。先ほど申し上げましたと
おり、キャンプサークルでは、部長として積極的に企画を
考えました。企画をする際には、自ら出かけて下見をした
り、値段の交渉をしたりしています。私は人の笑顔を見る
ことが大好きで、そのための努力は惜しみません。3つ目
は、継続力があることです……

●「小出し喋り」でテンポをよくしよう！

　一度に多くのことを盛り込んで話すのではなく、**小出しにして話
す**のが高評価のポイントです。1回の発言は15秒程度、長くても
30秒程度で返答すれば、言葉のキャッチボールのテンポが非常に
よくなります。

112

●こんな人が高評価！ 内定者の実例

では、内定者の「小出し喋り」の実例を紹介します。面接は**演説の場ではありません**。以下を参考に「面接は会話の場」であると深く認識できると、「小出し喋り」が自然にできるようになります。

面接官　自己アピールをしてください。
受験者　はい、私が一番にアピールしたいことは、キャンプサークルの活動参加者を２倍に増やしたことです。私は部長として足を使ってメンバーを増やすことに成功しました。
面接官　どうやって２倍にしたのですか？
受験者　はい、他のキャンプサークルの代表のところに挨拶にまわりました。名刺と企画書をつくり、合同キャンプの企画を提案しにいったのです。最初はそっけなく扱われて大変でした。
面接官　なるほど。どうやって説得したのですか？
受験者　はい、最初は冷たく対応されても、めげずに接していましたが、企画をもう一度練り直して改めてプレゼンをしたら、だんだん話を聞いてもらえるようになり、こちらの熱意と企画の面白さが伝わりました。このプロセスが、とても楽しかったです。
面接官　君は企画営業の仕事が向いているかもしれないね。
受験者　ありがとうございます。私は企画を練って、足を使って行動するのが大好きなので、仕事でもぜひ活かしたいです。
面接官　他にアピールしたいことはありますか？
受験者　はい、ピアノを15年間、継続していることです。幼い頃は、泣きながら練習したこともありましたが、どんなに辛くても負けずに頑張り抜いているうちに15年経ちました。

PART 4　面接別の対応策を準備しよう！

グループディスカッションで主導権を握るテクニック！

グループディスカッションでは主導権を握ることが重要です。
高評価を得るテクニックを紹介します。

●こんな人が高評価！　主導権を握る3つのポジション

　グループディスカッションを行う企業が増えています。これは学生を5〜10名程度のグループに分け、テーマを与えて15〜30分程度話し合わせ、その様子を面接官がチェックする面接形式です。

　目的は、討論の勝ち負けではなく、チームワーク能力のチェックです。グループディスカッションで高評価を得るのは、議論の主導権を握り、内容の濃いディスカッションになるように貢献している人。高評価を得られるのは、以下の3つのポジションです。

❶軸になる意見発言者
　具体的な意見、データの裏付けのある意見、印象的なキャッチフレーズ、有益な新アイデアなどを積極的に発言する人

❷まとめ上手書記
　議論の要点、対立する意見の相違点などをメモし、議論を的確にまとめ、要所要所で発表して流れを最適化する人

❸盛り上げ上手司会者
　自ら司会を務め、全員の意見を引き出して盛り上げる人。ディスカッションを活性化し、議論を結論に導くので高く評価される

● グループディスカッションで重要なのは「積極性」

　グループディスカッションは、最近とても多く取り入れられている採用試験の１つです。これは仕事のシミュレーションであり、面接官は参加態度を見ながらどんな社員になるかをイメージします。

　高評価を得るのは、真っ先に発言して議論を盛り上げる人や、ユニークな意見を述べて議論を活性化させる人、そして自ら司会者に立候補して全員の意見を引き出し、結論を導き出す人です。

　面接官の採点は、一般的には**ディスカッションの前半でほぼ終わり**ます。最初は様子を見ていて、あとから発言しようとする消極的な姿勢では高評価は得にくいです。開始直後から積極的に参加し、**議論の主導権を握る**ことが高評価を得る重要なポイントです。

こんな人は低評価！ グループディスカッションのNG行為

①議論の流れや他者の意見を無視して、自己主張を繰り返す
②他者の意見に難癖をつけ、強引につぶす
③反論されるとムッとした表情をして、不快感をあらわにする
④感情的になって意見を戦わせる
⑤他者を無理やり黙らせて、自分が発言する

　グループディスカッションの試験では、**他者に対する配慮が感じられない態度を示す**受験者が意外と多く見られます。反対意見を言われてムッとする程度なら多少は大目に見てもらえることもありますが、攻撃的な態度で論戦を挑んでくる受験者がいたら要注意です。言い争いをしてしまったり、こちらも喧嘩腰になってしまったら、自分の評価も下がってしまいます。

　高評価を得るのは、議論の軸になる具体的な意見を積極的に述べる発言者、論点を明瞭にまとめて発表し、流れを最適なものにする書記、全員から意見を引き出し議論させ、結論を導く司会者です。

PART
4

面接別の対応策を準備しよう！

話下手でも
グループディスカッションに受かる！

話が下手な人や議論が苦手な人でもグループディスカッションで
高評価を得る方法はあります。効果的な対処法を紹介します。

●考えてみよう！ 高評価を得られるのは誰?

　グループディスカッションの合格者が、議論上手な人や、話上手
な人とは限りません。まずは話が苦手な人の最初の挨拶を見比べて
みましょう。面接官が高評価するのは誰か考えてみてください。

> Aさん「今回の議論では、進行状況がわかるように私は『書
> 記役』を担当したいと思いますが、よろしいでしょうか。み
> なさんの賛成意見や反対意見などを整理しながらメモをしま
> す。区切りのよいところでまとめの発表を行いたいと思います」

> Bさん「私はこのような議論の場にあまり慣れていないので
> 少々緊張気味ですが、今回はよい意見にまとまるように、一
> 生懸命努力して議論に貢献したいと思います。どうぞよろし
> くお願いいたします」

> Cさん「今回の議論では、みなさんの意見をまずよく聞かせ
> ていただいて、そのなかでわからないところを質問させてい
> ただきながら、全体の議論をまとめるようにしたいと思います」

●面接官が高評価するのは?

　議論の活性化には、**書記も大切な役割**です。発言をただメモして

いるだけでは高い評価はしにくいですが、Aさんはメモの取り方を工夫するみたいですし、適宜まとめて発表するようですから、期待がもてます。一方、Bさんの発言は最初の挨拶によくある、可もなく不可もなしの平凡な内容です。面接官としては、**もっと積極的なことを言ってほしい**です。Cさんも一般的な挨拶ですが、話をよく聞く、質問を通じて議論をまとめるという態度は評価できます。

● こんな人が高評価！ 議論が苦手な人 の対処法

グループディスカッションでは、他の受験者よりも多く喋って目立たないと合格できないと考えていませんか。面接官がチェックしているのは、話のうまさではなく、**議論に対して貢献している**かどうかです。議論の**活性化に貢献**できていれば、話下手でも合格できます。貢献する方法は、いくらでもあります。固定観念にとらわれない、柔軟な発想が大切です。以下の例を参考にしましょう。

❶書記役・まとめ役になる

議論の要点をメモし、要所要所で発表する。大きな紙とペンを持参し、見やすく整理して書くのもよい

❷タイムキーパーを志願する

時間を計り、要所要所でアナウンスし、進行状況を管理する

❸賛成して盛り上げる

誰かの意見に賛成し、議論を盛り上げる

❹質問して盛り上げる

参加者に適宜質問して意見を引き出し、議論を盛り上げる

❺身近な具体例にたとえる

高度な意見を言おうと思わず、身近な具体例を話す。議論はとにかく抽象的になりがちなので、かえってインパクトがあることが多い

PART
4

面接別の対応策を準備しよう！

苦手なテーマはどう対処する？

グループディスカッションは、テーマに関する知識がなくても
高評価を得ることは可能です。苦手なテーマの対処法を紹介します。

●考えてみよう！ 高評価を得られるのは誰？

　グループディスカッションは、テーマに関する知識で合否が決まるわけではありません。話題が不得意分野だった場合の発言を見比べてみましょう。面接官が高評価するのは誰か考えてみてください。

> Aさん「はい、Dさんの意見には反対です。Dさんの意見は、話に具体性がありませんでしたし、現実的な意見ではないと思います」
>
> Bさん「はい、今のDさんの意見はとても参考になる素晴らしい意見だったと思います。私は、Dさんの意見に○○という視点を付け加えると、さらによくなると思います」
>
> Cさん「はい、今のDさんの意見はとても参考になる観点が含まれていました。Dさんの言われる○○について、もう少し詳しく教えていただけますか」

●面接官が高評価するのは？

　Aさんの意見はただ反対しているだけで、自分自身の意見や代案を何も述べていません。これでは低評価です。Bさんの発言は、議論がとても有益な方向に発展するものでした。Bさんが意見を言っ

118

たあとはグループの雰囲気がよくなり、議論が活性化しました。C
さんはDさんの意見の建設的なポイントを取り上げ、さらに説明
を促すことでDさんの意見がよく理解できるようになりました。
その後にDさんの意見についてのCさんの意見を述べてもらえれ
ば、さらに評価することができます。

●こんな人が高評価！　不得意テーマの対処法

　グループディスカッションでは出題テーマが多岐にわたっている
ため、不得意分野のテーマが出ることがあります。そうした場合は、
他者に対する単なる否定ではなく、他の参加者のよい意見に**自分の
考えを付け加えてよりよくする**、他者の発言の**わかりにくい点を説
明してもらう**などの方法で議論に参加すると高評価を得られます。
以下のような方法で議論の活性化に貢献しましょう。

❶自分の意見を付け加える
　他者の意見を補足する発言をして、さらによい内容にまとめる
❷説明を求める
　最初にそのテーマに詳しい人に説明してもらい、まずはテー
マの概要を理解してから自分の意見を述べる
❸司会役になる
　司会を務め、自身の意見を述べるより、進行役に徹する
❹書記役・まとめ役になる
　議論の要点をメモし、要所要所で発表し、論点のまとめ役に
なる
❺タイムキーパーを志願する
　時間を計り、要所要所でアナウンスし、進行状況の管理役を
務める

119

PART
4

面接別の対応策を準備しよう！

チームを乱す人への対処法

グループディスカッションでは、チームの和をかき乱す人がいる
ことがあります。そんな場合も高評価を得る対処法があります。

●考えてみよう！　高評価を得られるのは誰？

　集団討論では、激しく自己主張する人がいたり、2〜3人が勝手
に議論を進めてしまうことがあります。そうした際の対処法を見比
べてみましょう。面接官が高評価するのは誰か考えてみてください。

> 　Aさん「みなさん、この議論の目的は、みんなで協力して意
> 見をまとめ上げることですよね。だから、まだ発言していない
> EさんやFさんの意見も聞いてみましょうよ。そのあとで、私
> も参考にしていただきたい具体例を述べたいと思います」
>
> 　Bさん「司会のDさん、ここでひとりずつ順番に発言しては
> いかがでしょうか。特に、まだ発言していないEさんやFさ
> んの意見も聞かせていただきたいです。みなさんの意見を聞
> いてから、私も意見を述べたいと思います」
>
> 　Cさん「あの、私も意見を言いたいのですが、よろしいでしょ
> うか。ぜひ、私にも発言させてください」

●面接官が高評価するのは？

　Aさんは協調を喚起していますね。集団討論の目的をみんなに再
認識させることによって議論の在り方そのものを正常化させたこと

120

でリーダー的な素質を感じました。Bさんは司会者への提案を通じて議論を正常化しようとしました。一方、Cさんは「お願い作戦」です。これを使えば、一度は発言することが可能でしょう。しかし、これによって議論の在り方が正常化するわけではないので、2度目、3度目の発言は難しいでしょう。その後の対処が問題です。

● こんな人が高評価！ チームの和を乱す人への対処法

　グループディスカッションで合格するのは、有益な議論になるように**積極的に貢献している人**です。議論に勝利することに躍起になって暴走する人は、よほど議論の活性化に役立っていれば話は別ですが、通常は落とされてしまいます。チームの和を乱す人に萎縮したり、自分も張り合って暴走したりすることは得策ではありません。暴走する受験者を**論破しなければ合格できない**ということはありません。以下のような対処をして、高評価を目指しましょう。

❶ **協調を喚起する**
　議論の目的を改めて伝え、みんなで協調することを促す
❷ **書記＆まとめ役になる**
　議論の要点をメモし、要所要所で発表し、論点のまとめ役になる
❸ **逆意見を述べる**
　一方的な流れになることを阻止して、議論に幅をもたせる
❹ **ルールを提案する**
　発言者が心掛けるべきルールを提案し、議論の正常化を促す
❺ **反論を反映した改善案を述べる**
　反論の内容を考慮した改善案を述べ、建設的な結論に導いていく

PART
4

面接別の対応策を準備しよう！

グループディスカッションの
テーマの傾向と実例

グループディスカッションでは、どんなテーマが出題されるのか。
テーマの傾向と高評価を得られる対策について解説します。

● グループディスカッションのテーマの傾向

グループディスカッションで出題されるテーマは多岐にわたりますが、以下のように4つに大別できます。❶のケースが最も多いため、企業研究・業界研究をしっかり行うことが大切です。

❶志望企業・業界の仕事に関するテーマ
❷就職に関するテーマ
❸時事・社会問題に関するテーマ
❹フリーテーマ（この場合は、グループごとに異なるテーマを与えられることが多い）

＼①志望企業・業界の仕事に関するテーマの実例／

◎新規プロジェクトのマネージャーとして優先すべきこと（金融）
◎ビールの販売戦略について（飲料）
◎今日の新聞の一面はどんな記事にしたいか（マスコミ）
◎小学生向けのHPをつくるとしたらどのようにつくるか（メーカー）
◎地方の活性化のためにどうすればよいか（商社）
◎駅のトイレをきれいにするにはどうすればよいか（鉄道）
◎お客様に感動を与える商品を企画せよ（食品）
◎店長になったとして売上を上げるためになにをするか（小売）
◎当社の社員にとって必要なリーダーシップとは（教育）

122

②就職に関するテーマの実例

◎仕事ができるとは、どういうことか（商社）
◎起業家とサラリーマンの違いとは（人材）
◎働くとはなにか（医療）
◎大企業と中小企業はどちらがよいか（金融）
◎通年採用のメリットとデメリット（マスコミ）
◎よい会社とはどんな会社か（情報・通信）
◎終身雇用の是非について（メーカー）
◎就職活動をするうえで大切なことは（小売）

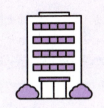

③時事・社会問題に関するテーマの実例

◎これから流行するのはどんなものか（レジャー）
◎なぜ就職をしない人がいるのか（小売）
◎個人情報取扱いに関して企業が取り組むべき施策（情報・通信）
◎リモートワークで大切なこと（マスコミ）
◎ウィズコロナ下で当社が収益を伸ばす方法
　（メーカー）
◎世界に誇れる日本の食とは（教育）
◎都市の交通渋滞を解決するにはどうすれば
　よいか（商社）
◎今ヒットしているものとその理由（食品）

④フリーテーマの実例

◎絵本の最初と最後の絵を見て途中のストーリーを考えよ（食品）
◎孤島になにをもっていくか（医療）
◎コンプレックスからくる魅力について（マスコミ）
◎地球滅亡時に10人のうち7人生き残るとしたら
　誰か（メーカー）
◎成功を定義せよ（金融）
◎現代で一番必要な情報とは（情報・通信）
◎家族旅行で優先すべきことを3つ考えよ（レジャー）

● 志望企業の問題として捉えることが大切！

　グループディスカッションを苦手とする学生は非常に多いです。面接官から高評価を得る意見を組み立てるために重要なのは、出題テーマの捉え方です。ほとんどの受験者は、出題テーマを**自己流、あるいは学生目線で捉える**ため、幼稚な意見になりがちです。一方、トップ内定者は志望企業の問題として捉えます。

　たとえば、食品業界A社の出題テーマが「少子高齢化において食品メーカーがすべきことはなにか」だった場合、ほとんどの受験者は食品メーカー全般のこととして捉え、食品メーカー全般がなにをすべきかを考えます。これでは平凡な一般論に終始してしまい、A社の採用担当者に志望の熱意は伝わりません。

　トップ内定者は、**A社が現在取り組んでいることや中長期の事業計画を念頭において意見を述べる**ので、高評価が得られます。グループディスカッションにおいて最も大切なのは、このテーマの捉え方です。志望企業の「社員目線」で捉えることが重要なのです。

● これが重要！　合格の秘訣は徹底した「企業研究」

　グループディスカッションでは、出題テーマを志望企業の問題として捉え、**志望企業の繁栄・発展、利益増加に結びつくような意見**が述べられると、志望の熱意が伝わり、高評価が得られます。

　つまり合格の秘訣は、企業研究なのです。志望企業と競合他社が、なにに力を入れているのか、問題点、改善点、将来計画、新規事業、他の企業との差別化の取り組みを調べておくことが重要です。

　志望企業と志望業界に関する新聞記事、各企業のIR情報にあった経営計画や今後の努力事項などを調べておけば、圧倒的な高評価を得ることが可能です。

●こんな人が高評価！　出題テーマの読み替え例

　グループディスカッションの出題テーマを、志望企業の問題として捉え、志望企業の社員目線で以下のように読み替えてみましょう。

◎少子高齢化における食品メーカーがすべきことは？（食品）
　　→少子高齢化における当社がすべきことはなにか。当社が現在取り組んでいること、及び今後取り組むべきことはなにか

◎10年後の放送サービスを考える（テレビ局）
　　→当社が担うべき10年後の放送サービスを考える

◎学生と社会人の違いについて（銀行）
　　→学生と行員の違いについて、当行員としてもつべき意識とは

◎顧客満足とはなにか（鉄道）
　　→当社が顧客満足を高めるにはなにをしたらよいか

◎売上が落ちている商品に対してどんな策を講じるべきか（化粧品）
　　→当社（当社の社員）は、売上が落ちている当社の商品に対して、どのような策を講じるべきか

◎現代で一番必要な情報とは？（情報・通信）
　　→当社が提供できる、提供すべき、現代で一番必要な情報とは？

◎50年後の日本のためにやるべきこと（不動産）
　　→当社が50年後の日本のためにできること、やるべきこととはなにか

◎日本の魅力を外国人に伝えるにはどうしたらよいか（旅行）
　　→当社が日本の魅力を外国人に伝えるにはどうしたらよいか。外国人向けの旅行商品・サービスはどんなものがよいか

PART 4
面接別の対応策を準備しよう！

PART
4

面接別の対応策を準備しよう！

役員面接で評価をあげる！

最終面接が「役員面接」になる企業は多くあります。
社長や経営陣から高評価を得る方法を紹介します。

● 役員面接では「企業愛」のアピールが重要！

　役員面接で重要なのは「企業愛」です。社長や役員は長い間、企業のために一生懸命に働いてきた人たちなので、企業愛が大変深く、自分たちの会社やサービスに誇りをもっています。役員面接で高評価を得るには、どんな質問に対しても「企業愛」や「商品愛」が感じられる返答をすることが非常に重要なポイントです。

● こんな人は低評価！ 役員面接のNG返答

質問「この業界のなかで、なぜ当社を志望するのですか？」

NG返答

①「はい、御社は○○で業界一のシェアをもっているからです」
②「はい、御社の社員の生き生きとした姿を見て感動したからです」
③「はい、御社の企業理念や事業内容に共感したからです」

　どの回答も口先だけの志望理由になっていて行動が伴っていません。行動が伴わなければ、企業愛が伝わらず高評価は得られません。企業の理念や事業内容、商品などをより深く理解できる行動を起こしましょう。たとえば、企業のホームページだけでなく、SNS上の発信をチェックする、競合となっている同業他社の情報を調べて比較するなど企業愛を行動で表しましょう。

126

●こんな人が高評価！ 役員面接のOK返答

質問「この業界のなかで、なぜ当社を志望するのですか？」

❶「はい、御社の商品の素晴らしさに感動したからです。御社は○○の商品で業界一のシェアですが、私はこの商品を実際に使ってみて、○○の点に感動しました。他社の商品とも比較しましたが、御社の商品は他社にはない○○の点で格段に素晴らしいです」

❷「はい、御社の会社説明会で社員の○○様に仕事内容を詳しく伺い第一志望になりました。私は合計30社の会社説明会に参加して比較しましたが、御社の社員と仕事内容に一番魅力を感じました」

❸「はい、御社の企業理念や事業内容に共感したからです。店舗見学の際に拝見した社員の方々の行動はもちろん、○月○日の○○新聞に新規事業のことが書かれていましたが、理念の○○という言葉がまさに実行されている事業だと思いました」

　内定を獲得する人は、言葉だけでなく、行動で企業愛を表現します。実際に商品を使い他社と比較する、会社説明会で仕事内容を詳しく聞く、新聞などで情報を収集するなど、積極的に行動し、それを述べることで企業愛が伝わり、高評価を得ています。

●参考にしよう！ トップ内定者の「企業愛が伝わる行動」

◎志望企業の商品やサービスを実際に利用し、他社と比較する
◎新商品や新サービスのアイデアを何パターンも考える
◎社員に積極的に質問する。仕事内容を詳しく聞く
◎店舗見学、工場見学、会社訪問、OB・OG訪問などをする

PART
4

面接別の対応策を準備しよう！

最終面接で自分の熱意を
具体的にアピールする

最終面接では入社の意志を最大限に伝えるのがだいじです。
社長や経営陣から高評価を得る方法を紹介します。

● 最終面接の超重要ポイントは「入社する強い意志」！

　最終面接で決め手になるのは、「企業愛」と「入社する強い意志」
です。なぜなら入社する意志が弱い人に内定を出しても、結局は辞
退し、他社に入社されてしまうリスクが高いからです。最終面接で
は、素質も能力もそれほど差がない受験者が残っています。合否を
分けるのは、入社に対する意欲の違いです。その企業が第一志望で
あること、内定が出たら必ず入社すること。これらを言葉だけでは
なく、**態度で表明することが極めて重要な評価ポイント**になります。

● この質問に要注意！ 最終面接の傾向と対策

　最終面接では、以下のような入社意志を確認する質問が多いです。

❶ 当社が第一志望ですか？
　→「第一志望」と明言しないと評価が大きく下がる

❷ 当社に入社しますか？
　→入社意志を明確にしないと落とされることが多い

❸ 当社に必ず入社しますか？
　→「必ず」「絶対に」などと念を押されることが多い

❹ 同業の〇〇社は受験していますか？
　→受験していても「御社が第一志望」と明言すれば大丈夫

❺ 当社が内定を出したら、他社の内定はすべて断りますか？
　→非常に厳しく入社意志を確認する面接官が多い

128

❻以前の面接で〇〇社や□□社も受けていると言っていましたが、当社が内定を出したら辞退しますか?

→一次面接や二次面接で他の受験先を確認しておき、最終面接で辞退を約束させるケースは多い

❼〇〇社ではなく、当社を志望する理由を具体的に述べてください

→本当に第一志望か疑われると掘り下げ質問がくることが多い

❽どんなプロセスで、当社が第一志望になりましたか?

→❼と同じ目的の類似質問。会社訪問、店舗見学、OB・OG訪問、新聞スクラップなど、企業研究で得たことを話すと高評価を得られる

❾正直言って、当社は何番目の志望ですか?

→誘導質問的に本音を言わせる面接官も多い。「正直言って……」という言葉はひっかけなので要注意

❿当社が内定を出したら、就職活動はやめますか?

→「まだ続ける」と返答すると落とされることが多いので要注意

● こんな人が高評価! トップ内定者の最終面接の返答態度

①面接官の目をしっかり見て答える (目をそらさない)
②質問に即答する (迷っているそぶりを見せない)

　最終面接では、返答時の態度が大事です。面接官は発言内容の真実性を返答態度で確認しています。面接官の目を見て答えないと、嘘をついているように感じられます。**即答をしないと、迷いがある**ように思われます。トップ内定者は、どんな質問に対しても入社意志の強さを感じさせる返答をしています。第一志望であると答えるのはもちろん、内定が出たら他社を辞退すること、就職活動をやめることも力強く述べます。例外的に第一志望と答えなくても受かる人もいますが、自己PRなどで飛び抜けて高評価の受験者のみです。

　最終面接では、言葉だけでなく、態度が伴っていないと落とされます。**断固たる態度で「入社する強い意志」をアピール**しましょう。

PART
4
面接別の対応策を準備しよう！

圧迫面接の意図と対処方法

面接では意図的にキツイ質問をされることがあります。
圧迫面接で高評価を得る方法を解説します。

● 圧迫面接の目的は「ストレス耐性のチェック」

　圧迫面接とは、面接官がわざと威圧的な態度でキツイ質問をする面接の手法。その目的は、受験者のストレス耐性のチェックです。圧迫面接には、次のような代表的な５つの手法があります。

〈覚えておこう！　圧迫面接の５つの手法〉

①一方的な決めつけ　　→「君は、当社に向かないね」

②わからないフリ　　　→「結局、なにが言いたいわけ？」

③わざとダメと言う　　→「その程度の能力じゃダメだね」

④不安にさせて試す　　→「不採用になったらどうしますか？」

⑤陰険なあげ足とり　　→「その程度で満足しているの？」

　面接官がこうした発言をしても真に受けないことが大切です。以下の質問と回答例を参考に高評価を得る対応を身につけましょう。

● 考えてみよう！　高評価を得られるのは誰?

質問「君は、当社に向かないね」

　Aさん「そうでしょうか。私は御社に向いていると思ったから、志望いたしました。私のどこが御社に向かないと言われるのでしょうか。その理由を教えてください」

130

Bさん「それはとても残念です。しかし、私はサッカーで培った体力と根性で困難な仕事でも最後までやりぬく自信があります。ある試合では、足首を捻挫しても最後まで戦い逆転勝ちした経験もあります。御社でも頑張りますので、ぜひよろしくお願いいたします」

Cさん「そう思われたのは、私の力不足です。ですが、私は御社が掲げる理念や会社訪問で知り合うことのできた社員の皆さまの人柄や社内の雰囲気にとても共感しています。入社できましたら、さらに自分を磨き、御社にふさわしい社員になるように努力します」

●面接官はこう見る！

圧迫面接の意図は、キツイ質問を受験者が冷静に切り返せるかどうかのチェックです。Aさんのように**露骨に反発して面接官に逆質問する**態度は大幅な減点になります。一方、BさんやCさんはキツイ質問に動揺することなくサラリと受け流し、むしろ自己PRや相手を持ち上げる言葉で上手にフォローしているところにメンタルの強さと話術の巧みさを感じます。採用するなら、この2人です。

以下の2つの話法なら、どんな質問にも対処できます。ぜひマスターしましょう。

❶肯定受け＋自己PR返し話法
まず相手の発言を肯定し、次に向上心を感じさせる自己PRにつなげる

❷否定受け＋自己PR返し話法
まず相手の発言を否定し、次に否定の根拠を述べて自己PRにつなげる

PART
4

面接別の対応策を準備しよう！

面接後のお礼の仕方

面接終了後は、面接官にお礼の連絡をしましょう。
面接中に失敗しても挽回できる可能性があります。

● 面接に失敗したときこそ、粘り強さをアピール！

面接が終わったら、面接官にお礼の連絡をしましょう。面接で失敗した場合は、**特にお礼が重要**です。失敗とは、緊張して質問に的確に答えることができなかったり、アピールするつもりだったことを度忘れしたり、志望熱意を疑われるようなことをうっかり言ってしまい、面接の雰囲気が非常に悪くなったりすることです。

面接の評価は、基本的には面接時間内で判断されます。一般的には結果を覆すことは不可能ですが、**可能性はゼロではありません**。稀ではありますが、再度、面接のチャンスを与えられたケースもあります。大事なのは、面接の結果がくる前にお礼を伝えることです。

● 速攻でメールを出し、速達で手紙も送る

まずは面接後に、できるだけ早くメールを送りましょう。内容は、面接をしてくれたお礼と言い足りなかった自己PRや仕事に対する抱負や熱意です。あくまでも**お礼の文章を中心に書くことが大切**です。面接で失敗したことの言い訳は、書かないほうがいいでしょう。

次に速達で手紙を出します。内容は、メールよりもお礼の文章と仕事に対する抱負や熱意に厚みをもたせるといいでしょう。面接後すぐに書いて、当日中に投函することが重要です。私は仕事柄、各企業の面接官と情報交換をする機会が多いですが、再受験のチャンスを与えた経験があるか聞いてみると1～2割弱の割合でいます。

● 企業の仕事では、1回程度の失敗で諦めないのが常識

　仕事を成功させるうえで大事な特性は、**粘り強さ**です。企業の仕事では、**1回くらいの失敗で諦めないのが常識**です。たとえば、営業ではお客様から取引を断られることはよくありますが、すぐに諦めず、粘り強く営業を続けることが成功の秘訣といわれています。面接も同じです。お礼状で粘り強さをアピールできれば、仕事人としての適性が認められ、評価が高くなることがあります。

● こんな人が高評価！ 面接後のお礼状

> 拝啓
> 　本日は貴重なお時間を割いてご面談頂き、誠にありがとうございました。貴社の企業理念やお客様へのサービス、そのために行っている人材育成などの一端が理解できたように感じました。
> 　特に「お客様のいちばんの味方になる」というお言葉には、とても感激致しました。以前より貴社を第一志望としておりましたが、ますます入社の意欲が高まりました。
> 　ぜひ貴社の一員となり、サービスの現場で貴社とお客様に貢献したいと願っております。何とぞよろしくお願い申し上げます。
> 　取り急ぎ、面接でのお礼を申し上げます。
>
> 　　　　　　　　　　　　敬具

坂本POINT

熱意は行動で示してこそ伝わります。第一志望の企業だったら、面接終了時から最低1時間以内（できれば30分以内）にお礼メールを送り、その日のうちに手紙も速達で投函。それ以外でも最低24時間以内（できれば当日）にメールと手紙を送りましょう。相手が驚くほどの速さでお礼をすれば、あなたの印象は強く残ります。重要なのは思いを行動で表すことです。

PART 4　面接別の対応策を準備しよう！

column

グループディスカッションは
書記役が中心!?

グループディスカッションでは、書記役がおすすめです。
メモをとるだけでなく、司会の役割も担いましょう。

- -

●面接官は「全体を見る目」をもつ人を高評価

　グループディスカッションでは、話下手な人や議論が苦手な人に限らず、書記役に立候補するのがおすすめです。なぜなら、面接官は「全体を見る目」をもつ人を採用したいと考えているからです。

　全体を見る目をもつことは、仕事を行ううえで非常に大切なことです。「木を見て森を見ず」という格言があるように、人はとかく全体を見ず、ある一部分だけを見て誤った判断をしてしまう傾向があります。面接官はそのことを知っているので、全体を見る目をもっている人には希少価値を感じ、ぜひとも採用したいと考えます。

●場全体を見据えて議論の活性化に貢献しよう

　書記役は、各自の発言の要点をメモし、節目節目に発表し、場全体を見据えて議論の活性化に貢献する役割です。全体を見る目をもっていなければ、議論を活性化させる的確な判断はできません。だからこそ書記役を見事にやってのけた人は高く評価されるのです。

　意見が分かれたら賛成派、反対派の意見を整理し論点を絞る提案をする、2つの意見を組み合わせるアイデアを出す、さまざまな意見を整理して参加者に伝える、結論を出す方法を提案するなど、書記役はグループディスカッションの中心となれる存在です。ただメモをとるだけでなく、司会の役割も担えば、高評価を得る可能性大です。

PART

5

よく出る質問項目と考え方

多くの企業で聞かれる頻出質問があります。

このPARTを通じて、面接官の意図を知り、

自分の考えをまとめておきましょう。

これらの最低限準備しておきたい回答に、

スムーズに対応できれば、

内定獲得にグッと近づきます。

PART

よく出る質問項目と考え方

Q 自己紹介をしてください

面接官のホンネ！

　面接では通常、最初に自己紹介を求めます。これはファーストコンタクト時に**相手の心をつかめる人かどうか**のチェックです。できるビジネスパーソンは、最初の一言で相手の心をつかみ、自分に興味をもってもらえるように工夫しています。これは面接においても同じです。自己紹介は、面接官が受験者に興味をもってもらえるかどうかを大きく左右します。

NG回答

　私は、〇〇大学〇〇学部のAです。本日は大変緊張していますが、一生懸命頑張りますのでどうぞよろしくお願いいたします。

NG解説

　自己紹介は、最大のチャンス。最初の発言は、一番期待をもって注目してもらえます。ところが多くの受験者は、大学名と氏名を言うだけで終わらせてしまい、せっかくのチャンスを無駄にしているのです。「大変緊張していますが……」も、言い訳や弱気の表れと受け取られてしまい、これではAさんに興味をもつことはできません。一言自己PRを添え、**キャラ立ちを目指しましょう**。

ゼミの活動を簡潔にアピール

○○大学社会学部のBです。大学では地域コミュニケーションのゼミに所属して、まち起こしの取り組みについて事例研究をしています。先週は熊本に行って調査してきました。本日はどうぞよろしくお願いいたします。

OK解説

この回答は高評価です。名前や学部だけでなく、ゼミの活動について簡潔に述べられていて好感がもてます。「地域コミュニケーション」「まち起こしの取り組み」「熊本」といった具体的なワードも印象に残り、その後の話題も広がります。自己PRは**具体例を盛り込んで説得力を出す**のが大事なポイントです。

ジャンプ力という特技をアピール

○○大学経済学部のCです。学生時代はずっとバスケットボールに打ち込んできました。私の一番の売りは、ジャンプ力です。仕事でも飛躍的な成果を追求します。

OK解説

この回答も高評価です。学生時代にバスケットボールをやっていたことに加え、「ジャンプ力」という**具体的なキーワードが強く印象に残ります**。面接官も「ジャンプ力のCさん」というニックネームをつけたくなるでしょう。自己紹介で重要なのは、このように最初に自分をキャラ立ちさせることです。

＼こんなアピール方法もある／

・行動力で印象づけ「20kg減のダイエットに成功しました」
・チャレンジ精神で印象づけ「1年間で資格を5つとりました」

PART 5 よく出る質問項目と考え方

Q 志望動機はなんですか？

面接官のホンネ！

志望動機で聞きたいのは、その志をもった理由や当社の仕事に対する**具体的な熱意**です。「当社でなければならない」という熱意や経験を示してもらえるほどプラスの評価をします。また、やりたい仕事が明確であることと、自己PRと論理的につながっていることも大事なポイントです。そこに納得感があると、志望動機に強い説得力が感じられます。

NG回答

自分を成長させたいので志望いたしました。御社は業界トップクラスの企業であり、大変優秀な社員が多数いらっしゃいます。自分を成長させるには最高の環境だと思います。どんなに厳しくても持ち前の粘り強さで乗り越えます。

NG解説

この回答はNGです。志望企業に対する熱意と目的意識が感じられません。本当に成長したい人は、取り組みたい仕事が明確に示されているものです。また、志望企業に対する思いも一般論になってしまっていて、**どんな企業でも当てはまります**。これでは面接官は自社への熱意を感じることはできません。志望動機は、その企業の仕事に結びつく具体的な内容を付け加えることも重要です。

OK回答 自身の経験と志望熱意の高さをアピール

私は中学時代、成績が下がった際に、御社のオンライン教材に助けていただきました。「すべての子どもの味方に」という御社の理念に深く共感し、営業職を通じてこの教材をより多くの子どもたちに届けたいと思い、志望いたしました。

OK解説

この回答は高評価です。Bさんはやりたい仕事が明確で、志望理由と自己PRも論理的につながっています。志望企業のオンライン教材に助けられたリアルな体験も「この企業で働きたい」という熱意として面接官に伝わります。やりたい仕事を具体的に示した**リアリティのある志望動機**は、高い評価を得られます。

OK回答 やりたい仕事と企業研究をアピール

御社の法人営業部で行っているネットワークソリューション・プロジェクトの仕事に携わりたいと思い、志望いたしました。先日、会社説明会で社員の○○様に法人営業部の仕事の詳細について質問させていただき、ますます魅力を感じました。情報セキュリティやSNSコンサルティングの仕事にも強い興味をもっています。

OK解説

この回答も高評価です。Cさんの志望動機は、志望企業で取り組みたい仕事が具体的に述べられており、目的意識の高さが感じられます。会社説明会で質問をして、情報セキュリティやSNSコンサルティングといった具体的な事業内容を把握していることからも熱意を感じます。**企業研究の深さが伝わる**志望動機は高く評価されます。

PART 5 よく出る質問項目と考え方

Q アルバイトをしていますか？

面接官のホンネ！

この質問の意図は、受験者が**どんな意識をもって仕事に取り組んでいるか**のチェックです。どんなアルバイトをしているかは問題ではありません。大事なポイントは「熱意をもってその仕事に取り組んでいるか」「全体の利益に貢献する意識があるか」です。熱意をもって仕事をする行動特性が感じられれば、どんな業種・職種であっても高く評価します。

NG回答

私はホテルのクロークのアルバイトをしていました。お客様の荷物を預かる責任ある仕事でしたが、自分なりに努力して一生懸命頑張りました。週1回の勤務でしたが、頑張りを認めていただけるようになり、通常、半年で上がる時給が3カ月で上がりました。

NG解説

これはもったいない回答です。「通常、半年で上がる時給が3カ月で上がった」という話は、アルバイト先で努力が認められたことが客観的に伝わるよいエピソードです。しかしもっと重要なのは、自分なりに**努力して一生懸命頑張ったことの具体例**です。どんな努力をして、どう頑張ったのか。それを具体的に伝えることで説得力のある自己PRになるのです。次のOK例を参考にしましょう。

努力したことを具体的にアピール

私はホテルのクロークとして働いていました。週1回の勤務でしたが、早く貢献できる人になるために3つの努力をしました。①すぐにメモして仕事を覚える、②デキる社員を真似する、③人から言われる前に行動する。結果、上司に認めていただき、通常、半年で上がる時給が3カ月で上がりました。

OK解説

　この回答は高評価です。面接官は「努力」や「一生懸命」という言葉に飽き飽きしています。重要なのは、その具体的な内容です。この回答は3つの努力を具体的に示し、「早く貢献できる人になる」という言葉に**職業意識の高さ**も感じられます。上司の評価も加えることで説得力がさらに増しています。

 工夫と成果をアピール

カラオケ店でアルバイトしていました。私は売上向上を目指し2つの工夫をしました。「美味しそう」と思っていただける言葉遣いと、料金説明の際の「お得感」のある表現です。その結果、平均売上の3割多い月7万円の売上を達成できました。

OK解説

　この回答も高評価です。売上向上を目指して利益に貢献したこと、2つの工夫を具体的に説明したことに加え、月7万円の売上が「平均売上の3割多いこと」を説明した点がよいです。この説明がなければ、面接官にはその価値が伝わりません。物事を客観的に説明できる受験者は、高い評価を得られます。

PART 5 よく出る質問項目と考え方

Q この職種を志望する理由はなんですか？

面接官のホンネ！

　この質問の意図は、企業研究を行い、**当社の仕事を理解しているか、またその適性があるか**のチェックです。たとえば、同じ営業職でも、法人向け、個人向け、新規開拓中心、既存客中心、訪問型、電話型など、企業によって異なり、仕事内容も異なります。募集職種に対して理解と熱意がある受験者は高評価。そうではない受験者は低評価となります。

NG回答

私はまずは営業職を経験し、商品や顧客についての理解を深め、その後は商品企画の仕事に移りたいと考えています。御社の会社説明会で、最初から商品企画に就くのは難しいと伺いまして、このように考えるようになりました。

NG解説

　この回答はNGです。営業の仕事に対する熱意や目的意識がまったく感じられません。**営業職を単なるステップとしてしか考えていない**ように受け止められるため、営業職の志望理由としては極めて弱いです。営業出身の面接官には、営業の仕事を軽んじていると不快に思われるリスクも高いです。志望職種についてもっと理解を深め、熱意を込めた志望理由にしないと面接突破は困難です。

OB訪問と自己PRを結びつけてアピール

御社をOB訪問したときに営業部の○○様から「営業は成果が数字でハッキリ出る仕事」と伺いました。私は負けず嫌いな性格で、高校で陸上部だったときも常に数字を意識していました。私の性格に合っていて、とても頑張り甲斐のある仕事だと考え、営業職を志望いたしました。

OK解説

この回答は高評価です。OB訪問で営業職について理解を深めていること、**数字を意識して働くことをアピール**している点が高く評価できます。また、陸上経験を志望理由に結びつけることによって、営業職を志望する説得力も生まれています。志望理由と自己PRを結びつけるのは、非常に大事なポイントです。

 業界研究と店舗見学をアピール

販売の仕事を通じて人々に喜びを与えたいからです。アパレル業界10社以上の説明会に参加し、店舗見学も行いましたが、私は御社の接客が自分の目指す理想だと思いました。

OK解説

この回答も高評価です。10社以上の会社説明会に参加し、店舗見学も行った結果、接客が一番だったという志望理由に説得力が感じられます。自分の**足を使って業界研究を深めている行動力**も好印象。なぜ自分の目指す理想の接客だと思ったのかの具体的な説明ができれば、さらに高評価を得られます。

＼こんなアピール方法もある／
- アルバイトの経験をアピール「御社の店舗でアルバイトした際に…」
- インターンシップの経験をアピール「インターンシップに参加し…」

PART 5 よく出る質問項目と考え方

Q 学生時代に打ち込んだことはなんですか？

面接官のホンネ！

　面接官は、受験者を評価するための情報をできる限り多く知りたいものです。学生時代に打ち込んだことも、重要な手掛かりの1つ。学生には基本的に仕事経験がないので、なににどう打ち込んだのかが**入社後も仕事に打ち込める人物かどうか**のヒントになります。仕事に役立つ人物であることがわかるような具体例を伝えるように心掛けましょう。

NG回答

　学生時代は、テニスサークルの活動に打ち込んでいました。私はムードメーカーとして、サークルの雰囲気を盛り上げていました。そのためサークル仲間はみんな仲がよく、とても楽しい学生生活を送ることができました。

NG解説

　この回答はNGです。**内容が抽象的**すぎて、受験者が入社後どのように仕事に打ち込むのかが想像できません。面接におけるすべての質問は、志望企業の仕事にも打ち込むことを連想させる内容にすることが重要なポイントです。ムードメーカーとして何をしたのか、どのようにサークルを盛り上げたのか、もしくは、テニスをどのように頑張ったのかという成果を具体的に伝えましょう。

アルバイトでの活躍をアピール

私が打ち込んだのは、居酒屋のホールスタッフのアルバイトです。入学時に始めてから2年半続けています。2年目にはアルバイトリーダーに指名され、ローテーションの管理や新人教育など、責任ある仕事を任されるようになりました。

OK解説

この返答は高評価です。「2年半続けた」ということから継続力のある人物だと感じられ、「アルバイトリーダーに指名された」ということから、**責任感やリーダーシップのある人物**であることが伝わります。このような回答をする受験者は、入社後の仕事ぶりも想像できて、期待感が高まります。

 ゼミ活動と自身の役割をアピール

経済学部のマーケティングのゼミ活動に打ち込んでいます。今年は4つの大学のゼミで「SNSとマーケティング」というテーマで合同ゼミを行いました。私は全体会議の運営担当になり、司会進行を務め、当日のレポートをまとめた100ページの小冊子もつくりました。こちらがその本です。

OK解説

この回答も高評価です。運営担当や司会進行というゼミ活動での役割が明確に伝わります。作成した小冊子を見せることによる**ビジュアルインパクトも面接官を引きつけます**。百聞は一見にしかずというように、言葉よりも実物や写真で説明したほうが説得力が出る場合があります。効果的に活用しましょう。

PART 5 よく出る質問項目と考え方

Q ゼミはなんですか？

面接官のホンネ！

　この質問で聞きたいことは、なんのゼミに入っていたかではありません。面接官が知りたいのは、受験者が**学生時代にどんなことに打ち込み、どんなふうに頑張った**のか。たとえゼミに入っていなくても不利にはなりません。その場合はサークルでもアルバイトでも自分が打ち込んだことの話をすればいいのです。その点を誤解すると、低評価になってしまいます。

NG回答

　大変申し訳ありませんが、私はゼミに入っていません。なぜなら特に入りたいゼミがなかったからです。そもそも私の大学ではゼミは必修ではなく、ゼミに入る学生はあまりいません。ですから決してサボっているわけではないのです。

NG解説

　この回答はNGです。理由はゼミに入っていないからではありません。質問に対して**「言い訳」を並べ立てている**からです。ゼミに入っていなければ、ゼミ以外で頑張ったことを話せばいいのです。言い訳は社会人にとってNG行為です。言い訳をする受験者は、上司やお客様にも言い訳をする社員になる懸念が生じます。言い訳をするのではなく、ゼミに代わる活動をアピールしましょう。

ゼミの代わりに資格取得をアピール

いいえ、私はゼミには入っていません。私の大学ではゼミは必修ではないからです。ゼミに入る代わりに、色彩2級やカラーコーディネーターなどの資格試験に挑戦して、商品ディスプレイの仕事に活かせる知識を身につけました。

OK解説

この回答は高評価です。ゼミに入っていなくても、ゼミ以外で学生時代に頑張って取り組んだことを伝えれば、きちんと評価されます。この受験者は、**資格を取得しただけではなく、それを志望職種にも活かそう**としています。こうしたアピールは志望企業への熱意が感じられ、高い評価を得られます。

 ゼミ活動と志望理由を関連させてアピール

国際経済学のゼミに入っています。ゼミでは、為替と貿易の理論を研究しています。ゼミで学んだ知識は、私が志望している御社の海外事業部で仕事する際にも役立つと思います。

OK解説

この回答も高評価です。**ゼミで学んだ内容が仕事に役立つ**というのは、よい自己PRになっています。ただし、面接官が注目しているのは、仕事に対して頑張れる人かどうかです。ゼミの活動が志望企業の仕事に関係ないテーマであっても、**どのように頑張って取り組んだか**を伝えれば高く評価されます。

\こんなアピール方法もある/
- 経営理念と結びつけアピール「私のゼミは御社の経営理念と…」
- ゼミの代わりにクラブ活動をアピール「演劇部で3回舞台に…」

PART 5
よく出る質問項目と考え方

Q ほかにどのような会社を受けていますか？

面接官のホンネ！

　この質問で知りたいことは、**当社への本気度**です。就活の初期段階では、幅広い業界研究をして、複数の業界を志望していることはマイナスになりません。しかし、中期・後期になっても志望業界がバラバラでは、やりたいことが明確になっておらず、当社への志望も本気度が低いかもしれないと受けとめます。同業他社を受けているほうが評価は高くなります。

NG回答

広告の○○社と□□銀行、化粧品の△△社、旅行の●●社、商社の■■、アパレルの▲▲も受けています。それから食品の◎◎社、航空会社の☆☆社にもチャレンジしています。★★百貨店も受けてみようと考えています。

NG解説

　この回答はNGです。**就活の初期であってもマイナス評価**です。幅広く業界研究・企業研究をするのは悪いことではありませんが、あまりにも志望業界や志望企業がバラバラです。それでも幅広く業界・企業研究をしたうえで当社を強く志望するというアピールがあれば、プラスの評価になる場合もありますが、この回答は**志望企業に対する熱意も感じられない**ので、まったく評価されません。

OK回答　軸を絞った就職活動をアピール

現在3業界ほど受験しています。たとえば、○○社や□□社、△△社などの会社説明会に出席しました。受験している企業に共通しているのは、子どもの教育にかかわっていることです。そのなかでも一番魅力を感じているのは、御社の仕事です。

OK解説

この回答は高評価です。就活の初期段階で志望業界を絞り込みすぎていると、視野の狭い就職活動をしているとしてマイナス評価されることがあります。中期・後期だとある程度絞っていないと、なにをしたいのかが見えてきません。**この受験者は軸を定めながら3業界を受け、そのうえで当社の仕事に一番魅力を感じる**と伝えています。**やりたい仕事も明確**になっているので高く評価されます。

OK回答　ゼミ活動と自身の役割をアピール

現在受けているのは、○○社と□□社です。私は御社を軸にして商品企画チームの仕事をすることを目標に就職活動をしています。このように強く思うようになったのは、商品企画チームの小川彩奈様にこの仕事の魅力を伺ったからです。

OK解説

この回答も高評価です。就活の中期以降は、同業界内で同クラスの企業や志望動機が共通する会社を受けていると好印象です。そのうえで**受験先の志望度が高いことを強調する**のが重要なポイントです。社員と話したことが志望動機になっている点を伝えているのも高く評価されます。

PART 5 よく出る質問項目と考え方

第一志望はどこですか？

面接官のホンネ！

面接の段階が進むほど重要になる質問です。多くの企業は、最終面接の前までに第一志望の確認質問を行います。最終面接は社長や役員に「今年の内定候補者はこの受験者です」とお披露目する場ですから、それに**ふさわしいかを確認**するのです。初期の面接なら第一志望といわなくても落とされないかもしれませんが、最終面接では合否を大きく左右します。

NG回答

……はい、第一志望は御社です。御社は、社員研修制度が充実していると HP に書かれています。社員のスキルアップにも熱心に取り組まれており、その点にもとても興味をもっているからです。どうぞよろしくお願いいたします。

NG解説

最終面接なら NG です。就活の初期段階であれば、必ずしも NG とは言い切れませんが、最終面接やその前の段階であれば、シビアな評価が下されます。即答しないということは、入社に迷いがあり、内定辞退のおそれがあると見なされます。志望理由も HP に書かれていた程度のことだけでは、企業研究が表面的で**入社意欲はそれほど高くない**と判断されて、大きなマイナスになります。

150

即答して笑顔でアピール

（間髪入れず即答し、笑顔でハキハキと）もちろん第一志望は御社です。これまでの会社訪問や面接試験などの際にお会いした社員の方々から仕事の詳細を伺い、その思いがさらに強くなりました。ぜひよろしくお願いいたします。

OK解説

この回答は高評価です。質問に対して即答し、笑顔でハキハキ答える。入社意欲の高さも感じられ、最終面接で社長や役員に見せても問題のない人材だと判断されます。最終面接やその前の面接では、**自己PRよりも明確な志望理由や入社意欲が重視**されます。目を輝かせて即答することも大事なポイントです。

第一志望の理由と入社意欲の高さをアピール

第一志望は御社です。OB・OG訪問を通して、ますますその思いを強くしました。理由は、○○という仕事は御社でしかできないからです。私は○○事業部で働くことを希望していますが、○○にかかわることができる□□事業部や△△事業部の仕事にも興味をもっています。ぜひよろしくお願いいたします。

OK解説

この回答は高評価です。「○○の仕事をしたいから第一志望」という**明確な目的意識**や、**OB・OG訪問をしたことで積極性・行動力**も感じられます。希望部署を述べながら、他部署への関心も示すことで柔軟性と入社意欲の高さも感じられます。最終面接では入社意欲の高さをアピールすることが特に重要です。

PART
5
よく出る質問項目と考え方

Q あなたの強みは なんですか?

面接官のホンネ!

　この質問の意図は、受験者が**入社後にどんな活躍ができそうな人物か**を知ることです。「自己PRをしてください」という質問と同様の意図があるので、仕事に役立つ強みと具体例、裏づけとなる数字やエピソードを伝えることが重要です。仕事とは全然関係のない特技などをアピールしても採用の判断はできないため、プラスの評価にはなりません。

NG回答

私の強みは体力です。中学時代、テニス部に所属して、厳しい練習に取り組み、体力を培うことができました。大学ではテニス部に入りませんでしたが、この体力を活かして仕事でも一生懸命頑張ります。

NG解説

　この回答はNGです。体力だけでは高評価されません。また、**体力があることを裏づける具体例もないため説得力に欠けています**。強みをアピールするには、それを裏づける事実や、どのように仕事に役立つのかを述べる必要があります。この受験者の場合は、体力ではなく、厳しい練習に耐え抜いた精神力をアピールするのも1つの手。自己分析を深めて自分の強みを見直しましょう。

152

体力と精神力をパフォーマンスでアピール

私の強みは、今お見せします（許可を取り、思い切りよく空手の形を演じる）。私は小学生の頃から10年間、空手を続け体力と忍耐力を鍛えてきました。つらい練習にも耐え、2段まで取得し、大会で優勝したこともあります。この体力と忍耐力は、御社の営業職でも活かせると思っています。

OK解説

この回答は高評価です。体力を強みとしてアピールするなら、言葉だけでなく、**体全体で行ったほうが効果的**です。また、パフォーマンスだけでなく、10年間空手を続けてきたことを伝えて継続力もアピールし、体力と忍耐力を営業職に活かせるという言葉に、さらに説得力をもたせています。

 第一志望の理由と入社意欲の高さをアピール

私が今のアルバイト先で一番評価されていることは、お客様に対するきめ細かい気配りです。私はホテルで3年間、配膳のアルバイトをしており、1日2件で月に12件、3年間で300件以上の結婚披露宴に携わりました。お客様に対する気配りが店長に評価され、チームリーダーに指名していただき、現在は主賓席を任されています。

OK解説

この回答は高評価です。面接で強みを質問された際に、自分の言葉ではなく、アルバイト先の店長、教師、親、先輩など、**他者の評価を伝える**のは効果的な方法です。店長の評価に加え、アルバイトにおける成果を数字で伝え、チームリーダーや主賓席を任された**客観的事実で説得力を高めています**。

PART 5 よく出る質問項目と考え方

Q あなたの弱みや短所はなんですか?

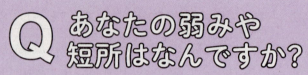

面接官のホンネ!

この質問の意図は、受験者が**自分を客観視できているか**のチェックです。志望企業で活躍するためには、自分にはなにが足りないのか、それをきちんと自覚している受験者は入社後の成長も期待できます。また、都合の悪いことを聞かれた場合の対処能力のチェックも行っています。自分の短所をどうフォローできるかが評価を左右します。

NG回答

私の短所は、緊張しやすいことです。人の前で話したりするときは、特に緊張してしまいます。今日の面接も緊張してしまい、言いたいことがうまく話せているか心配ですが、仕事ではあまり緊張しないように頑張りたいと思います。

NG解説

この回答はNGです。誰にでも短所はあるものですが、この質問で大事なポイントは「**短所をどう克服しようとしているか**」を伝えることです。「頑張ります」と言うだけでは具体性がなく、向上心も感じられません。短所を克服するための**具体的な心掛け**など、**フォローの言葉が必要**です。また、緊張しやすいなど、仕事においてマイナスになり得る短所は、評価が低くなるので要注意です。

英語力と向上心をアピール

私の短所は、英語力です。御社の仕事では英語で商談ができるくらいでないと通用しないと思いますが、私の英語力はまだまだ磨き足りていません。現在730点のTOEIC®のスコアを、卒業までにあと100点は増えるように今後はもっと英語の勉強に力を入れていきます。

OK解説

　この回答は高評価です。ネガティブな質問に対する対処の仕方がとてもうまく、短所についての質問にもかかわらず、「英語力と向上心のある人」という印象が強く残ります。短所を聞かれた際には、この回答のように「**高い目標に対してまだ達成できていないこと**」を述べると高評価を得られます。

 短所克服ストーリーをアピール

私の短所は、字が下手だったことです。そのためいつも恥ずかしい思いをしていましたが、1年間、書道教室に通って克服し、1級をとることができました。まだ初段を目指して修行中ですが、今では読みやすい字を書けるようになったと思います。

OK解説

　この回答も高評価です。短所を過去形にして、それを克服したストーリーを伝えて自己PRに変えています。そのため面接官には「短所を克服できる人」「目標に向かって努力できる人」という印象が強く残ります。短所を聞かれた際に、**短所を克服したエピソードを述べる**のは、非常に効果的な自己PRの方法です。

PART 5 よく出る質問項目と考え方

Q 最近気になるニュースはなんですか?

面接官のホンネ！

この質問には、2つの意図があります。1つは**志望度のチェック**。もう1つは**情報収集力のチェック**です。最近のニュースを知っているかどうかではなく、志望業界や志望企業、その仕事内容に関する関心の度合いを確認するための質問です。「（当社に関係することで）最近気になるニュースはなんですか？」と解釈して回答をすると高評価を得られます。

NG回答

日本の国際貢献についてのニュースに関心があります。最近インターネットや新聞等のメディアで日本の国際貢献のあり方について議論されていますが、国際社会にどのように貢献できるのか、私も大変関心があります。

NG解説

この回答はNGです。国際貢献はたしかに大事な問題ですが、インターネットや新聞などで見た話題の受け売りに聞こえます。自分の意見が入っていないので**発言自体に新鮮さや説得力もなく、志望企業に対する熱意も感じられません**。この質問で重要なのは、ニュースの話題を通じて自己PRをすること。仕事に関連させて志望理由や志望熱意をアピールする必要があります。

OK回答 自身の関心と志望企業のつながりをアピール

エコなライフスタイルの話題に関心をもっています。買い物にはエコバッグを使い、エアコンの温度設定を低めにするなど、身近なエコを心掛けています。御社の新商品である「エコ○○」にも大変関心をもっており、私自身も普段から利用しています。

OK解説

この回答は高評価です。この質問は、志望企業の所属する業界や志望企業、志望部署やその取扱商品に**関連するニュースを志望理由と関連させて話す**ことができるとトップクラスの高評価を得られます。この回答は、自身の関心と志望企業につながりがあり、商品を実際に利用していることも高く評価されます。

OK回答 志望企業への関心と入社意欲をアピール

○○のニュースで取り上げられた、御社が開発に取り組んでいる○○シリーズの今後の展開に強い関心をもっています。○○の新製品は御社の店舗で実際に触れ、その便利さに驚きました。私もぜひ○○の製品開発にかかわる仕事をしたいです。

OK解説

この回答も高評価です。真剣に就職活動をしていて、**志望企業の製品開発にかかわることへの熱意が感じられます**。自社の事業や製品・商品に強い関心をもっている受験者に対しては、面接官も当然強い関心をもち、入社することを願います。志望企業に関するニュースは必ずチェックして、面接で伝えましょう。

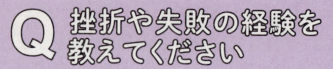

Q 挫折や失敗の経験を教えてください

面接官のホンネ！

この質問の意図は、受験者が**挫折や失敗を乗り越え、さらなる成長ができるかどうか**のチェックです。失敗への対処は、仕事において非常に大切なことです。「ピンチはチャンス」という言葉もあるように、どんな失敗も対処次第でチャンスに変えられます。この質問に対しては、どう失敗したかではなく、どう対処してプラスに変えたかを伝えましょう。

NG回答

大学受験に失敗しました。勉強不足だったこと、当日に体調を崩したことで、第一志望の大学に入れませんでした。模試の判定では合格圏内だったのですが、油断してしまったのかもしれません。とても落ち込み、挫折感がありました。

NG解説

この回答はNGです。「勉強不足」以降は、言い訳がましいマイナスの言葉が続き、失敗に対処する力や挫折を乗り越えようとする**向上心がまったく感じられません**。そもそも面接とは、**自分のいい面をアピールする場**です。受験に失敗したことをバネにして、その後に努力したことや成長したことなど、挫折や失敗をプラスに変えたエピソードを伝えることが重要なのです。

失敗を反省し努力家になったことをアピール

第一志望の大学受験に失敗したことです。同じ失敗を繰り返さないために、大学では毎日コツコツ努力することを自分に課しました。その結果、1～2年時の専門科目はすべて優をとり、3年時には第一志望のゼミ試験に合格しました。受験には失敗しましたが、努力することの大切さを学びました。

OK解説

この回答は高評価です。同じ大学受験に失敗した話でも、**失敗を反省し成長したエピソードを伝える**ことで左ページのNG回答とはまったく印象が異なります。このように挫折を乗り越え努力できる人なら、入社後も成長できる人だと期待してもらえます。面接では質問の意図をよく考えることが重要です。

 失敗を反省しスキルアップしたことをアピール

アルバイト先の月間売上をエリア1位にすることに挑戦したのですが、残念ながら3位になってしまいました。バイトリーダーである私の力不足を反省し、接客の仕方などをスタッフ全員で話し合いました。その結果、3カ月連続で1位になることができました。

OK解説

この回答も高評価です。**失敗談として伝えながら**、バイトリーダーとしてリーダーシップを発揮したこと、3カ月連続で売上を伸ばしてエリア1位にした**実績をアピールして見事な自己PRになっています**。高い目標にチャレンジしたエピソードは、たとえ失敗であっても高く評価されます。

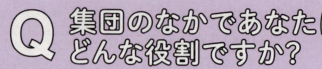

Q 集団のなかであなたはどんな役割ですか？

面接官のホンネ！

　この質問には、2つの意図があります。1つは**「チームワーク能力があるか」**のチェック。もう1つは**「当社ではどんな役割を担い、どんな貢献ができる人かを類推すること」**です。志望企業の組織でどんな役割を担いたいかを先に考え、アルバイト、サークル、ゼミなどで、どのような役割にどう頑張って取り組んだかを話せる人が高く評価されます。

NG回答

縁の下の力持ち的な役割だと思います。理由は、悩んでいる友人から恋愛や人間関係などの相談をされることが多いからです。相談されたときは、相手の話をよく聞き、自分なりに思ったことをアドバイスしています。

NG解説

　この回答はNGです。友人との話をしていますが、この回答からは受験者が会社でどんな役割を担えるのか、また担いたいのかがまったく見えてきません。**自発的な行動でもなく、受身の印象が強いので、**それもマイナスの印象を与えます。面接官が知りたいのは、**「入社後に組織内でどんな役割を担える人物か」**です。アルバイトやサークルなど、組織における役割を伝えましょう。

OK回答　常に真っ先に発言することをアピール

真っ先に発言する役割です。サークルのミーティングでは、必ず私が最初に発言し、それが呼び水となって話し合いが活性化します。御社でも常に真っ先に多くの意見を言って、組織を活性化させていく役割を担いたいと思っています。

OK解説

この回答は高評価です。職場で担うべき大事な役割を研究し、そのような行動をとった学生時代の経験を話せています。この受験者は入社後も真っ先に発言して、会議などを盛り上げる役割が期待できます。集団に貢献する気持ちが高く、実際に**努力して組織に貢献した行動を語れる人**は高く評価されます。

OK回答　渉外の経験があることをアピール

サークルでは渉外を担当しています。私が実現したのは初の他大交流会とOB・OGとの勉強会です。目標を実現するために多くの人と交渉を重ねていくことにやりがいを感じました。

OK解説

この回答も高評価です。集団での役割は、トップの役割（リーダー、キャプテン、主将、委員長等）でなくてもまったく問題ありません。仕事は個々がバラバラに行うものではなく、チームワークで行うものです。**渉外をきちんとこなせるコミュニケーションスキルのある人**は、入社後の活躍も期待できます。

\よくある深掘質問！/
・どんな努力をして、どんな成果を上げましたか？
・チームワークに必要なものはなんだと思いますか？

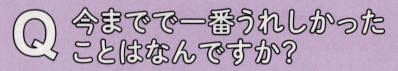

Q 今までで一番うれしかったことはなんですか?

面接官のホンネ!

この質問の意図は、厳しい仕事のなかにも**うれしさ（＝やりがい、楽しさ、喜び）を見出せる人か**のチェックです。面接では、受験者の知識よりも価値観や考え方のチェックを重視します。単にうれしいことではなく、難しい課題をクリアしたときの達成感や、逆境でも諦めずに努力して目標を達成したときの喜びなどを語れる受験者が高く評価されます。

NG回答

昨年の夏、韓国を旅行したことです。韓国でも指折りの人気店で韓国料理を食べられたことや、韓国人の友人ができたことがうれしかったです。マッコリを飲んでみんなで盛り上がった夜のことは一生忘れないと思います。

NG解説

この回答はNGです。この質問で問われているのは、仕事で感じるうれしさと共通する体験です。旅行の思い出や飲み会など遊びのうれしさや、**自分の努力で得たわけではない喜び、単なる幸運で得た楽しさ**では評価されません。韓国旅行を成功させるための努力や、韓国人の友人をつくるまでのプロセスなどを話せば、仕事に通じる話としてプラス評価になったかもしれません。

42.195km走り抜いたことをアピール

フルマラソンに挑戦して、42.195kmを最後まで走り抜いたことです。半年くらいかけて5kmから20kmくらいの距離を走って準備していましたが、42.195kmは未知の領域だったので完走できるか不安でした。ゴールできたときは、諦めないでよかったと心から喜びを感じました。

OK解説

　この回答は高評価です。**困難な目標に挑戦し、達成することに喜びを感じる**タイプであることが伝わってきます。入社しても高い達成目標に果敢に挑戦し、コツコツ努力し、必ず達成してくれる期待がもてます。このように、長期間コツコツ努力をして大きな成果を得たときの充実感を語る人は高く評価されます。

県大会に出場したことをアピール

合唱の県大会に出場できたことです。初の県大会出場を目指してチーム一丸となって特訓したこと、顧問の先生に言われなくても自主練習を行ったこと、どんなにキツイ練習でも耐えたことで、みんなの夢が実現できたのだと思います。御社の仕事でもチームワークを重視して頑張ります。

OK解説

　この回答も高評価です。なぜなら仕事を遂行するうえで必要な行動特性の中で、重要な**①協調性**（チームワークを大切にして仕事に取り組む）、**②積極性**（自ら積極的に仕事に取り組む）、**③忍耐力**（どんなにキツイ仕事も粘り強く取り組む）の3つを具体的に記述しているからです。ぜひ参考にしてください。

PART 5 よく出る質問項目と考え方

Q 当社が不採用だったらどうしますか？

面接官のホンネ！

　この質問には、2つの意図があります。1つは、**ゆるぎない志望熱意をもっているか**のチェック。もう1つは、**ストレス耐性があるか**のチェックです。どんなに否定的なことを連発されても、意気消沈したり、キレてしまってはダメです。これは圧迫面接だと思って、厳しさにめげずに志望熱意をアピールし、力強い自己PRをすると高評価を得られます。

NG回答

　ああ、うーん、そうですね……。大変残念ですが、それはそれで仕方ないことだと思います。私の力不足が原因だと思いますので、なぜ落ちたのかを分析して、いつかまたチャンスがありましたら、再挑戦いたしたいと思います。

NG解説

　この回答はNGです。圧迫面接は、面接官の発言を真に受けないことが大切です。困った顔をしたり、取り乱したり、ムッとした顔をするのは超NG。この受験者の場合は、まだ実際に落ちてもいないのに諦めてしまい、志望熱意がまったく感じられません。こうした態度では面接官は採用したいとは思いません。あくまでも仮定の話です。軽く受け流して、力強い自己PRをしましょう。

サラリと受け流して自分のスキルをアピール

とてもショックを受けると思います。ですが、私は居酒屋のアルバイトリーダーで身につけた責任感と、陸上大会で入賞した体力を活かして、御社の一員として働きたいのです。私はエクセルやパワーポイントも使いこなせます。どんな仕事も全力で頑張りますので、よろしくお願いいたします。

OK解説

この回答は高評価です。キツイ質問にも動揺することなく「とてもショックを受けると思います」とサラリと受け流し、アルバイトや部活動で得たこと、パソコン能力をアピールするなど熱い自己PRの言葉につなげています。圧迫面接では、このくらいの**図太さがある受験者のほうが高く評価**されます。

 何度でも諦めずに挑戦することをアピール

そうならないように祈っています。私は御社に入り、希望している〇〇事業部の仕事を通じて社会に貢献したいと強く思っています。学生時代はバスケットボールに打ち込み、体力と粘り強さには自信があります。絶対に諦めることなく、受かるまで何度でも御社の採用試験を受けます。

OK解説

この回答も高評価です。この受験者も**臆することなく熱い自己PRにつなげ**ています。圧迫面接では「絶対に諦めずに次の採用試験をまた受けます」「受かるまで何度でも挑戦します」「私には〇〇のセールスポイントがあります。ぜひ受かりたいです」など、力強くPRし続けることが大事なポイントです。

PART 5　よく出る質問項目と考え方

Q 当社の短所はなんだと思いますか？

面接官のホンネ！

この質問の意図は2つあります。**1つは、客観的な根拠に基づいて発言をする人かの確認。**もう1つは、**当社の短所もわかったうえで覚悟を決めて志望しているか**の確認です。どんなに志望熱意があっても、それがただの憧れの場合、入社してから熱が冷めて早期退職をしてしまうリスクがあります。面接官としては、冷静かつ客観的な企業分析を行っている受験者を採用したいのです。

NG回答

御社に短所はないです。だからこそ、私は御社を第一志望に考えています。ただ、あえて1つ言うなら、商品のデザインがやや古いと思います。若者にアピールするためには、もっとスマートなデザインにしたほうがいいと思います。

NG解説

この回答はNGです。短所を聞かれた際に重要なのは、客観的な事実に基づいた意見を述べることです。「デザインが古い」も「スマート」も、受験者の主観でしかありません。ほとんどの学生は、**主観的な意見しか述べない**ため低評価になってしまいます。確かな根拠や面接官を納得させる理由もなく「短所はない」と断言したり、**企業の事業戦略を調べもせずに批判するのもNG**です。

会社訪問で調査したことをアピール

OB・OG訪問した際、商品企画部の○○様から中高年層中心の商品戦略をとってきたため若年層へのアピールが手薄になっていると伺いました。過去5年間の若年対象の人気ランキングを調べてみると確かに御社の名前はありませんでした。私は御社で若者向けブランドを立ち上げ成功させたいです。

OK解説

この回答は高評価です。多くの学生は会社説明会で聞いたことを述べるだけの発言が多く平凡な意見になりがち。しかし、この受験者は OB・OG 訪問で企業研究を深め、**発言の根拠もきちんと示しています**。過去5年間の人気ランキングを独自に調査し、志望熱意に結びつけた発言も高い評価を得られます。

業界研究を深めて解決策をアピール

新聞報道されていた○○の売上低下が気になります。業界研究のために競合商品の売上比較表をつくりましたが、特に10代の売上が下がっていました。この問題を解決するために、SNS でキャンペーンを行う施策はいかがでしょうか。

OK解説

この回答も高評価です。志望企業について新聞で情報収集し、発言の根拠を示して意見を述べています。また、売上比較表をつくって業界研究を深め、**問題解決のためのビジネスモデルも提案し、積極性をアピール**しています。ここまで調査し、自分なりの提案ができる受験者はトップクラスの高評価を得られます。

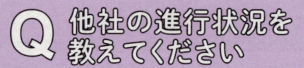

Q 他社の進行状況を教えてください

面接官のホンネ！

この質問の意図は3つあります。①第一志望か、②志望先に一貫性はあるか、③内定を出す場合に辞退させる企業の把握です。高評価するのは、同業界で同規模の企業を受けていること。他業界の場合は仕事内容が共通していること。そうでないと、志望理由がふらついている印象を受けます。最終面接では、その場で他社の内定辞退を求める場合があります。

NG回答

○○社と●●社は、エントリーシートで落ちました。◎◎社と□□社は、筆記試験で落ちました。■■社は、二次面接で落ちました。▲▲社は、三次面接で落ちました。あとは他業界ですが、★★社は最終面接の結果待ちです。以上です。

NG解説

この回答はNGです。なぜなら面接官はこのように考えます。「そんなに落ちているのか。当社では最終面接まできているが、なにか重大な欠点があるのかも。早急に問題点を見つけなくては。」落ちた話をしすぎると、うかつに採用できないと思われ、内定が再検討になる危険があります。また、志望企業と異なる業界や業種を受けていると信念がない印象を与え、志望理由も疑われます。

OK回答：他社の内定は辞退するとアピール

現在、〇〇社が最終面接の結果待ちです。◎◎社は三次面接まで進み、次が最終面接です。□□社と△△社は、三次面接の結果待ちです。ただ、私の第一志望はあくまでも御社です。御社に内定をいただきましたら、他社はすべて辞退させていただくつもりです。以上です。

OK解説

この回答は高評価です。他社の内定は辞退するとアピールすることによって、志望企業への熱意の高さが伝わります。また、他社の進行状況が良好であると伝えることで、面接官は**「他社が狙っている人材なら早く内定を出して確保しなければならない」**と考え、内定告知が早まる場合が多くあります。

OK回答：第一志望であることを強くアピール

同業の〇〇社から内定をいただきました。◎◎社は最終面接の結果待ちです。他業界ですが、仕事内容に共通点があるので△△社を受け、三次面接の結果待ちです。以上ですが、私は御社が第一志望です。よろしくお願いします。

OK解説

この回答も高評価です。他業界の企業を受けている場合は、仕事内容に共通点があることを述べ、**志望理由にブレがないことをアピール**する必要があります。ただし、他社の内定がとれていることを伝える場合は注意が必要です。企業によっては、内定辞退を求めてくることがあります。

PART 5 よく出る質問項目と考え方

Q 将来のキャリアについてどのように考えていますか？

面接官のホンネ！

この質問の意図は、当社での**キャリアプランをしっかり考えているか**のチェックです。真剣に就職活動をしている受験者は、志望企業における自分なりのプランを明確にもっています。そうでない受験者は、プランが漠然としています。プランが明確な人は、それを実現するために人の何倍もの努力をします。そのため役員などは好んでこの質問をします。

NG回答

正直言って、まったく予想がつきません。どんな部署に配属されるかによると思います。仕事をしながら、目標を見つけていきたいと考えています。ただ、10年後くらいには結婚して、子どもが1人いたらいいかなと思っています。

NG解説

この回答はNGです。この質問では「予想」ではなく、自身が考える「キャリアプラン」を求められているのです。また、家族についてではなく、**仕事におけるビジョンを問われています**。志望企業でなにをしたいのか、5年後、10年後の目標はなにか、それらを明確に示す必要があります。この質問に漠然とした返答をすると、本気で志望していないと見なされ、評価は大幅に下がります。

OK回答　5年後・10年後の目標をアピール

私は御社が取り組んでいる海外事業にかかわりたいと考えています。入社したら多くの経験を積んでひととおりの仕事を覚え、5年後には一人前のビジネスパーソンとして御社の戦力となって働いていたいです。10年後にはシンガポール複合開発プロジェクトのチーフマネジャーを目指したいです。

OK解説

　この回答は高評価です。**将来のキャリアプランが明確で、志望熱意の高さが感じられます**。社長や役員は、近未来の計画は地道で堅実な内容を好み、将来の夢はスケールの大きい内容を好む傾向が強いです。5年後には一人前になり、10年後は海外で活躍という回答は、役員面接でも高い評価を得られます。

OK回答　企業の経営計画と関連させてアピール

御社のIR情報の経営計画を拝見しますと、10年後に横浜の再開発計画があり、大型ショッピングモールが建設予定とありました。私は10年後にはそのショッピングモールの総責任者になることを目標に頑張りたいと思います。

OK解説

　この回答も高評価です。**IR情報の経営計画をチェックして企業研究を深め、それに基づいたキャリアプランをアピール**することで志望の本気度が伝わってきます。志望企業のWebサイトやOB・OG訪問、新聞記事やビジネス誌などで企業の経営計画を調べ、発言の根拠とすると高い評価を得られます。

PART 5 よく出る質問項目と考え方

Q 最後になにかアピールしておきたいことは?

面接官のホンネ!

この質問の意図は、**ボーダーライン上にいる受験者に、もう1回、自己PRのチャンスを与える**ことです。面接官も落とすか落とさないか迷っているので、新たなセールスポイントをアピールすることが重要です。すでに話したことを繰り返すのではなく、新規のネタで自己PRしましょう。プラスの材料となる自己PRができれば、合格の決め手となります。

NG回答

先ほども申し上げましたように、私は30kgの荷物を背負い、谷川連峰を制覇しました。遭難しかけましたが、無事に下山できました。私は挑戦を恐れず、どんな苦難も乗り越える自信があります。どうぞよろしくお願いいたします。

NG解説

この回答はNGです。アピール内容以前に「先ほども申し上げましたように」と最初の言葉を聞いた瞬間、面接官は「さっき言ったことをまた繰り返すのか」とガッカリし、その時点で「不合格」と決めてしまいます。最後の自己PRのチャンスでは、**志望熱意が伝わる新規のアピールが不可欠**です。複数のネタを用意して、評価の上乗せを狙いましょう。

仕事に活かせる趣味をアピール

まだお伝えしていないことで、ぜひアピールしたいことがあります。私はインスタグラムで創作料理を掲載していて、9百人のフォロワーがいます（スマホでそのサイトを見せる）。新ネタを次々考えるのは大変ですが、楽しいです。インスタグラムで鍛えた発想力を商品企画の仕事に活かして頑張ります。

OK解説

　この回答は高評価です。**意外性のある新規ネタである**ことはもちろん、発想力は商品企画の必須スキルなので評価が上がります。インスタグラムを見せる**視覚的な効果も大きく**、面接官の目を引き、強烈なインパクトを与えることができます。最後の自己PRで高評価を得られれば一発逆転も可能です。

アルバイト先での活躍をアピール

アルバイト先でのあだ名は「おば様キラー」です。私のおかげで集客率が2倍になったと店長から褒めていただきました。御社の経営課題である中高年層マーケット拡大に、私も貢献したいです。よろしくお願いいたします。

OK解説

　この回答も高評価です。**「おば様キラー」**はインパクトがあり、集客率2倍という**根拠も伴っているので面接官に強い印象を残せます。**経営課題に話題をつなげることで志望熱意も伝わり、貢献できる人材であることが強くアピールできています。最後の自己PRで評価が何倍にも高まるでしょう。

PART
5

よく出る質問項目と考え方

業界別傾向と対策①
マスコミ

マスコミ業界を受験する際の注意点、トップクラスの高評価で
面接に受かるための方法、重要な頻出質問を紹介します。

● マスコミ業界の注意点

　マスコミ業界で多いのは、仕事の**アイデアや企画案を問う質問**で
す。アイデアが豊富かを試すために3つ程度を一気に述べさせる面
接官もいます。時事問題、社会問題、企画案のネタになるような
ニュースを問う質問も頻出です。世の中の動きにアンテナを張り、
日頃からアイデアを考えておく習慣をつけておきましょう。以下の
重要質問をチェックすると、マスコミ業界で求められる能力や知識、
受かるために準備すべきことがわかります。

● マスコミ業界の研究方法

　マスコミ業界の研究は、**足を使うことが重要**です。各社が主催す
るセミナーやギャラリー、見学会、会社説明会などに参加して企業
研究を深めましょう。これらに参加すれば、現場の担当者と話すこ
とも可能です。各社の情報は、いずれも志望企業の Web サイトで
告知されています。こまめにチェックしておくことが大切です。

媒体	情報収集の方法	✓
テレビ	番組観覧に参加（各社とも Web サイトで募集している）	
	放送局の見学（各社とも Web サイトで募集している） ・NHK スタジオパーク見学 ・テレビ朝日　本社館内見学	
	自分が担当したい番組で紹介されていた場所に行って検証する ※ギャラクシー賞（4部門：テレビ、ラジオ、CM、報道活動）の受賞作品の研究 　もおすすめ	
広告	アド・ミュージアム東京（電通）の見学	

174

出版	出版社主催のギャラリーの見学 ・集英社ギャラリー ・ギンザ・グラフィック・ギャラリー（大日本印刷） ・図書館で自分がつくりたい分野の作品を一気に閲覧
新聞	社内見学（各社とも Web サイトで募集している）

○過去の面接で実際に出た重要質問リスト

　マスコミ業界で過去に実際に聞かれた頻出質問です。各企業の面接官と、各大学の就職講座などの内定者多数に対する取材で得た情報です。重要質問の対策をして高評価を目指しましょう。

■一次面接、二次面接

●なぜマスコミ業界なのですか？　そのなかでもなぜ当社ですか？

●当社の社員に必要な素質はなんだと思いますか？
　その素質をあなたはもっていますか？

●あなたの弱点とその具体例を教えてください

●人とのコミュニケーションのなかで一番大切にしていることは？

●学生時代に学んだこととマスコミの共通点はなんだと思いますか？

●これからのマスコミ業界はどうあるべきだと考えていますか？

●クリエイティビティとはなにか一言で答えてください

●あなたの好きなマスコミの媒体はなんですか？　その理由は？

●インターネットの広告をどう思いますか？

■三次面接以降、最終面接

●当社は、社員にどんな期待をしていると思いますか？

●あなたが当社の面接官だったら受験者にどんな質問をしますか？

●どの部署を希望しますか？　実際にその部署でどのような仕事がしたいですか？　あなたが担当してみたいクライアントを具体的に述べてください。逆に、もしも希望しない部署に配属されたらどうしますか？

●チームワークに必要な要素はなんだと思いますか？　チームリーダーに求められる要素とはなんだと思いますか？

●これだけは誰にも負けないことはなんですか？　逆に、あなたが人に負けることはなんですか？

●当社は○○の会社であるというキャッチフレーズを考えてください

●デジタル化における広告の役割についてどう思いますか？

●あなたの今後の夢はなんですか？

PART
5
よく出る質問項目と考え方

業界別傾向と対策②
銀行

銀行業界を受験する際の注意点、トップクラスの高評価で
面接に受かるための方法、重要な頻出質問を紹介します。

● 銀行業界の注意点

　銀行業界には、さまざまな種類・規模の企業があります。『会社
四季報 業界地図』で確認し、最初は幅広く受けることをおすすめ
します。銀行は他行の受験状況を気にする傾向が高く、三次面接く
らいからわざと他行と同じ日に試験日を設定して、志望の強さを試
す場合があります。受けたい銀行の候補が次々と減るケースが見受
けられるので、第一志望の面接対策は入念に行いましょう。

● 銀行業界の研究方法

　銀行の業界研究は、各社の店舗（本店・支店・海外拠点）の比較研究
を行うと、面接の返答内容に説得力が生まれ、内定がとれるように
なります。以下のような店舗の比較研究がおすすめです。すべて行
う必要はなく、2〜3つ実行しただけでもライバル就活生に圧倒
的な差をつけられます。

比較対象	比較の方法	✓
ライバル銀行	同じエリアにあるライバル銀行の店舗を比較	
エリア	都心店と郊外店など異なるエリアで比較	
店舗・ネット	同じ銀行の同じ商品を店舗とネットで比較	
時間帯	同じ店舗に違う時間帯に行って比較	
季節	同じ店舗に違う季節に行って比較	
海外拠点数	Webサイトで、ライバル銀行の海外拠点数を比較	

● 過去の面接で実際に出た 重要質問リスト

　銀行業界で過去に実際に聞かれた頻出質問です。各企業の面接官と、各大学の就職講座などの内定者多数に対する取材で得た情報です。重要質問の対策をして高評価を目指しましょう。

■一次面接、二次面接
●大学時代に頑張ったことについて、どんな意図で行い、なにを学んだか教えてください
●どのようにして当行のことを詳しく知りましたか？
●なぜ金融志望ですか？　なぜ銀行ですか？　なぜ当行ですか？
●銀行に就職することへの両親の理解がありますか？　両親からどんなことを教えられましたか？
●身の周りで銀行員の人はいますか？　どんなアドバイスをされましたか？
●飲食の接客と銀行の接客の違いはなんだと思いますか？
●集団のなかでのあなたの役割について聞かせてください。人と意見が対立したらどうしてきましたか？
●今までにプレッシャーを感じた出来事と、どう克服したかを教えてください

■三次面接以降、最終面接
●当行は第一志望ですか？　なぜ他の銀行ではなく、当行なのですか？
●証券と銀行の違いについて説明してください
●小学校から現在までの自分について、簡潔に語ってください
●他社の選考状況について教えてください
●当行から内定が出たら他の企業はどうしますか？　すぐに辞退する覚悟はありますか？
●もし当行を落ちたら、どの企業を受けますか？
●仕事には、ノルマ的なものがあって大変なこともありますが、大丈夫ですか？
●当行に対して、何か質問をしてください。さらに、もう1つ質問してください

177

PART
5

よく出る質問項目と考え方

業界別傾向と対策③
商社

商社業界を受験する際の注意点、トップクラスの高評価で
面接に受かるための方法、重要な頻出質問を紹介します。

● 商社業界の注意点

商社業界（総合商社、専門商社）の採用試験では、語学力が重要ですが、それ以上に**ビジネス感覚、コミュニケーション力、逆境克服力、人を巻き込む力が重視**されます。語学力が低い人でも上記の4適性が高い人は、入社後の語学研修で大きく伸びることを見込まれ内定をとっています。面接で高評価を得るには「世界や未来へ広くアンテナを張ること」「自己成長につながった人生経験を分析しておくこと」の2つが重要です。以下の研究方法でビジネス感覚を磨き、重要質問リストをチェックして面接対策を考えましょう。

● 商社業界の研究方法

①商社業界の研究で大事なのは、志望部門が手掛けたプロジェクト・プラント等の見学や開発したサービスや商品を体験することです。志望企業への理解が深まり、志望職種に対するモチベーションが格段に上がるため、面接で高評価を得やすくなります。

　□プロジェクト・プラント等の見学
　□サービスや商品の体験

②そのプロジェクト・プラント等が海外にあって行くのが難しい場合は、以下を参考に画像や映像で確認することを目標にしましょう。漠然としたイメージからリアルなイメージに変わり、実際に体験することはできなくても志望理由に説得力が生まれます。

　□グーグルアースで検索して外観をチェック
　□ネットで写真を探す
　□ビジネス誌や新聞に記事がないか探す
　□可能であれば、海外旅行のついでに見学してくる
　□プロジェクト・プラントによって生産された商品をチェック
　□原料をチェック。安価で簡単に手に入るものなら買ってみる

③サービスや商品が一般の人には体験できない場合

　□体験した人のレビューを読む

●過去の面接で実際に出た 重要質問リスト

　商社業界で過去に実際に聞かれた頻出質問です。各企業の面接官と、各大学の就職講座などの内定者多数に対する取材で得た情報です。重要質問の対策をして高評価を目指しましょう。

■一次面接、二次面接

●学生時代に頑張ったことは？　なぜ頑張ったのですか？

●あなたの企業選びの基準は？

●あなたが一番成長したと感じる経験を教えてください

●あなたが一番信頼を得た経験を教えてください

●一番悔しかったことはなんですか？

●最近、関心のある社会問題はなんですか？

●当社の社員と話をしていますか？

●当社のビジョンのどの部分に共感できますか？

■三次面接以降、最終面接

●あなたのどんなところが当社の仕事に向いていますか？

●あなたの弱みはなんですか？

●海外から見た日本の価値はなんだと思いますか？

●今後の世界経済の展望と当社の役割は？

●当社が真のグローバル企業になるには？

● 10年後に当社をどんな会社にしたいですか？　その方法は？

●あなたにとって、理想のリーダーとは？

●ほかの商社ではなく、当社でなければならない理由は？

●当社に内定したら、他社は辞退しますか？

179

PART 5 よく出る質問項目と考え方

業界別傾向と対策④
化粧品

化粧品業界を受験する際の注意点、トップクラスの高評価で
面接に受かるための方法、重要な頻出質問を紹介します。

● 化粧品業界の注意点

　化粧品業界の志望者は、自分が使っている化粧品メーカーを第一
志望群にしていることが多いです。そのため「御社の化粧品をずっ
と愛用しているので応募しました」といった志望理由を述べがちで
すが、商品のファンであることをアピールしても内定はもらえませ
ん。重要なのは、化粧品の売上を伸ばすためのアイデアや能力をア
ピールすることです。志望理由は「どんな部署で、どんな仕事をし
て、売上に貢献するか」、自己PRは「売上向上に活かせる自分の
能力は○○です」とアピールすることが高評価を得るポイントです。

● 化粧品業界の研究方法

　化粧品業界は、各社の店舗や競合企業との比較研究を行うと、面
接の返答内容に説得力が生まれ、内定がとれるようになります。以下
の研究方法がおすすめですが、すべて行う必要はありません。2〜
3つ実行しただけでもライバル就活生と圧倒的な差をつけられます。

比較対象	比較の方法	✓
百貨店の店舗	同じ百貨店のなかの競合各社の店舗を比較	
	各社のパンフレットのデザインや金額、サービスの比較	
ショッピングモールの競合各社の店舗	同じショッピングモールのなかの競合各社の店舗を比較	
ドラッグストアの売場	同じドラッグストアのなかの競合各社の売場の比較	
スーパーの売場	同じスーパーのなかの競合各社の売場の比較	
コンビニの売場	同じコンビニの中の競合各社の売場の比較	

●過去の面接で実際に出た 重要質問リスト

　化粧品業界で過去に実際に聞かれた頻出質問です。各企業の面接官と、各大学の就職講座などの内定者多数に対する取材で得た情報です。重要質問の対策をして高評価を目指しましょう。

■一次面接、二次面接

●あなたのセールスポイントはなんですか？

●ここ2～3年で成果を上げたことはなんですか？

●あなたにとって「美しさ」とは？

●あなたにとって魅力的な社会人はどんな人ですか？

●当社の強みと弱みを答えてください

●当社のどの部門で働きたいですか？　その理由は？

●当社の仕事で大切なことはなんだと思いますか？

●当社の商品の感想を教えてください

●化粧品はなにを使っていますか？　その理由は？

■三次面接以降、最終面接

●選考を通して当社のイメージはどう変わりましたか？

●当社の店舗についてどう思いますか？　改善点は？

●当社の商品や宣伝広告の改善点を述べてください

●自分を色にたとえると何色ですか？　その理由は？

●どんなキャリアプランを考えていますか？

●新しい事業を立ち上げるとしたら？

●海外の市場で売上を伸ばすには？

●売上が落ちた商品にどんなテコ入れをしますか？

●お気に入りの当社の商品を私が欲しくなるように PR してください

●今日の化粧のポイントはなんですか？

PART 5 よく出る質問項目と考え方

業界別傾向と対策⑤

食品業界を受験する際の注意点、トップクラスの高評価で面接に受かるための方法、重要な頻出質問を紹介します。

● 食品業界の注意点

　食品業界の面接では、その企業の**商品を実際に好きかどうか**が評価に大きな影響を与えます。なぜなら、商品愛が強い人のほうが熱心に取り組むことを面接官は経験的に感じているからです。志望企業の好きな商品のことを聞かれた際、笑顔で実感を込めて答えられるかが重要です。第一志望の企業では問題なくできても、第二志望以下は十分注意しましょう。面接の前に企業の定番商品、新商品を実際に食べてみて、美味しさを実感しておくことが大切です。好きな商品名を5つくらいはスラスラ言えるようにしておきましょう。

● 食品業界の研究方法

　食品業界の研究では、**競合各社との商品比較をしておく**ことが大切です。楽しくできますし、ライバル就活生に圧倒的な差をつけることができます。以下の比較研究が大変おすすめです。

比較の方法	✓
陳列の仕方の比較	
宣伝チラシやポスターの比較	
キャンペーンの有無や内容の比較	
価格の比較	
第一印象の比較	
パッケージデザインの比較	
運びやすさや持ちやすさ、食べやすさの比較	
パッケージの耐久性、開けやすさの比較	
香りの比較	
色の比較	
一口目の味の比較	
後味の比較	

● 過去の面接で実際に出た 重要質問リスト

　食品業界で過去に実際に聞かれた頻出質問です。各企業の面接官と、各大学の就職講座などの内定者多数に対する取材で得た情報です。重要質問の対策をして高評価を目指しましょう。

■一次面接、二次面接

●就職活動におけるあなたの目的は？

●自分の長所を３つ挙げてください

●あなたの短所はなんですか？

●当社の好きな商品をできるだけ多く挙げてください

●最も当社らしい商品はなんですか？　その理由は？

●料理はしますか？

●あなたの食へのこだわりを聞かせてください

●食品メーカーの社会的責任とはなんだと思いますか？

■三次面接以降、最終面接

●当社の魅力を語ってください

●普段、どんなものを食べていますか？

●あなたの趣味や特技を私がやりたくなるように説明してください

●あなたのストレス解消法は？

●自分を当社の商品にたとえるとなんですか？　その理由は？

●当社の製品は他社の製品とどう違いますか？

●当社の弱点はなんだと思いますか？　それを補うには？

●当社の新商品のアイデアを述べてください

●当社の商品の売上を増やすにはどうしたらよいと思いますか？

● 10 年後、どんな仕事をしていたいですか？

PART
5
よく出る質問項目と考え方

業界別傾向と対策⑥
保険

保険業界を受験する際の注意点、トップクラスの高評価で
面接に受かるための方法、重要な頻出質問を紹介します。

●保険業界の注意点

保険には、損害保険、生命保険、国内系、外資系、ネット系など、さまざまな種類があります。仕事内容は企業や職種によって大きく異なるため、**最初は幅広く受け、徐々に絞り込んでいく**のがおすすめです。面接では、**仕事の理解とコミュニケーション力、ストレス耐性が重視される**傾向があります。「組織での対人コミュニケーション」「小学校から大学までの自分や人間関係」に関する質問が頻出するので、しっかり対策を考えましょう。

●保険業界の研究方法

保険業界は、**志望企業の競合各社の営業店との比較研究を行う**と、面接の返答内容に説得力が生まれ、内定がとれるようになります。以下のような店舗の比較研究がおすすめですが、すべてを行う必要はありません。1つ、2つ実行しただけでもライバル就活生と圧倒的な差がつき、高評価が得られます。

比較対象	比較の方法	✓
ライバル社	同じエリアにある競合各社の店舗を比較	
エリア	都心店と郊外店など異なるエリアで比較	
店舗・ネット	同じ保険会社の同じ商品を店舗とネットで比較	
海外進出	海外拠点数や海外売上比率をネットで確認	

184

●過去の面接で実際に出た重要質問リスト

　保険業界で過去に実際に聞かれた頻出質問です。各企業の面接官と、各大学の就職講座などの内定者多数に対する取材で得た情報です。重要質問の対策をして高評価を目指しましょう。

■一次面接、二次面接
- ●小、中、高、大と、あなたはどんな人間で、どんな考え方をして生きてきましたか？
- ●どんなときにストレスを感じますか？　それはなぜですか？　どうやって乗り越えますか？
- ●苦手なタイプはどんな人？　それはなぜ？　どうやって対応しましたか？　それでその人が変わったことはありましたか？
- ●あなたにとっての親友の定義を述べてください。
　親友は自分のどこに魅力を感じていると思いますか？
　あなたが親友に負けていることはなんですか？
- ●両親はあなたのことをどんな人だと言うと思いますか？　その理由は？　あなたと両親との性格上の共通点は？
- ●自分を表す言葉を５つ挙げてください
- ●生保と損保の違いについて説明してください
- ●面接官に質問をしてください。
　では、なぜその質問をしたいと思ったのですか？

■三次面接以降、最終面接
- ●保険会社のなかでも、なぜ当社を志望するのですか？
　入社したらどんな仕事をやってみたいですか？
- ●自分の短所を短い言葉でたくさん挙げてください
- ●好きな教科はなんですか？　なぜ好きですか？
　ある科目が嫌いな人をどうやって好きにさせますか？
- ●自分が意見をまとめる役なのに、まったく意見がバラバラなときはどうしますか？
- ●印象に残っている社員の氏名を教えてください。その人の印象は？
- ●就職活動を自己採点するとしたら何点ですか？　その理由は？
- ●ほかの受けている会社とその状況を教えてください
- ●当社が内定を出すとしたら、他社を今日中に辞退することはできますか？

PART **5**

よく出る質問項目と考え方

185

PART
5
よく出る質問項目と考え方

業界別傾向と対策⑦
航空

航空業界を受験する際の注意点、トップクラスの高評価で
面接に受かるための方法、重要な頻出質問を紹介します。

● 航空業界の注意点

　航空業界は就職人気が非常に高いですが、企業研究・自己分析などの対策をしっかり行えば合格が見えてきます。面接では**「競合他社に勝つ方法」「チームワークや顧客とのコミュニケーション」に関する質問が頻出します**。これらの対策をしないで面接を受けている受験者がほとんどのため、きちんと準備すれば大きな差をつけることができます。頻出質問をチェックすると、航空業界で求められる能力、知識及び受かるために準備すべきことがわかります。万全な対策を整えて面接に臨みましょう。

● 航空業界の研究方法

　航空業界の採用試験では、英語力も大事ですが、とりわけ重視されているのは、①仕事内容の理解、②対人コミュニケーション力、③チームワーク力です。空港の見学や各社の比較研究をするとライバル就活生に圧倒的な差をつけられます。以下の研究方法がおすすめですが、すべてを行う必要はありません。空港内の各社エリアの比較研究をするだけでも深い学びが得られ、高評価を得られます。

比較対象	比較の方法	✓
空港の各航空会社のエリア	空港内の ANA、JAL などの各社のエリアの比較研究	
機体工場の比較	ネットで「ANA　機体工場見学　予約」と入力して検索すると手続き方法がわかる	
	ネットで「JAL　工場見学　予約」と入力して検索すると手続き方法がわかる	

安全教育セン ターの比較	ネットで「ANA グループ安全教育センター見学　予約」と入力して検索すると手続き方法がわかる	
	ネットで「JAL　安全啓発センター見学　予約」と入力して検索すると手続き方法がわかる	

● 過去の面接で実際に出た重要質問リスト

　航空業界で過去に実際に聞かれた頻出質問です。各企業の面接官と、各大学の就職講座などの内定者多数に対する取材で得た情報です。重要質問の対策をして高評価を目指しましょう。

■一次面接、二次面接

- ●なぜ同業他社ではなく当社なのか、具体的に述べてください
- ●今日の身だしなみで気をつけてきたことはなんですか？
- ●飛行機（または鉄道）を利用して、心に残っている思い出について教えてください
- ●当社の経営理念で最も共感できるところはどこですか？
- ●あなたにとって「安全」とはなんですか？
- ●当社の強みはなんだと思いますか？
- ●逆に当社の弱みはなんだと思いますか？　弱みだと判断した具体的な根拠はなんですか？

■三次面接以降、最終面接

- ● 10 年後、20 年後、あなたはどんな仕事をどのようにやっていたいですか？
- ●同業他社と当社の社員の違うところについて具体的に教えてください
- ●仕事上のミスやトラブルを防ぐためにはどのようにしたらいいと思いますか？
- ●仕事で上司に納得のいかないことを言われたらどうしますか？
- ●チームを引っ張っていくうえで、リーダーに求められることはなんだと思いますか？
- ●お客様を感動させるサービスとはどんなサービスだと思いますか？
- ●当社が世界の競合他社に負けないようにするにはどうしたらいいですか？

PART
5
よく出る質問項目と考え方

業界別傾向と対策⑧
旅行

旅行業界を受験する際の注意点、トップクラスの高評価で
面接に受かるための方法、重要な頻出質問を紹介します。

● 旅行業界の注意点

　旅行業界は、文系学生における人気業界のため受験倍率が高いで
す。典型的な落ちる志望理由は「旅行が好きだから志望しました」。

　旅行業界志望者は、みんな旅行好きなので、これでは他の志望者
との差別化ができません。頻出質問をチェックすると、今までは「趣
味」として捉えていた旅行を、今後は **「ビジネス」として捉えるこ
とが大事** であると理解できます。各企業が売上アップのためにどん
な努力をしているか。そして、今後どんな業務に力を入れるのかを
研究することが極めて重要です。また、社員に詳細を聞く、新聞や
ビジネス誌の記事等を読むなど、最近の動向を分析しておくと、他
の受験者に圧倒的な差をつけることができます。

● 旅行業界の研究方法

　旅行業界の研究は、各社の店舗とネット（Webサイト）の比較研究
を行うと、面接の返答内容に説得力が生まれ、内定がとれるように
なります。以下の研究方法がおすすめです。

比較対象	比較の方法	✓
ライバル社	同じエリアにあるライバル各社の店舗を比較	
	各社のパンフレットのデザインや金額、サービスの比較	
エリア	都心店と郊外店など異なるエリアで比較	
時間帯	同じ店舗に違う時間帯に行って比較	

188

季節	同じ店舗に違う季節に行って比較	
店舗・ネット	同じ企業の同じ商品を店舗とネットで比較	

●比較研究の着眼点
以下の着眼点で比較し、ノートに書き出すと大変効果的です。
- □ 店舗の入り口の印象、なかに入ったときの印象を比較
- □ 顧客数を比較
- □ 顧客層を比較（男、女、年齢、学生、ビジネスパーソン、主婦等）
- □ いち押しの商品を比較（ポスター、チラシ、プロジェクター）
- □ 社員数と接客の仕方を比較（身だしなみ、笑顔、話しかけ方）
- □ 順番待ちのシステム、客を待たせない工夫を比較
- □ 店内のディスプレイを比較（ポスターの貼り方、季節感など）
- □ パンフレットの配置、手にとりやすさを比較

●過去の面接で実際に出た 重要質問リスト

　旅行業界で過去に実際に聞かれた頻出質問です。各企業の面接官と、各大学の就職講座などの内定者多数に対する取材で得た情報です。重要質問の対策をして高評価を目指しましょう。

■一次面接、二次面接
- ●当社の店舗を見学したことがありますか？　どんな点が印象的でしたか？
- ●あなたの長所はなんですか？　それを旅行業界にどう活かせますか？
- ●入社後の目標は？
- ●コロナ禍での旅行ビジネスのアイデアは？
- ●この業界の今後についてどう思いますか？
- ●あなたにとってサービスとはなんですか？
- ●おすすめの観光地とそこの食べ物は？
- ●あなたが住んでいる町をアピールしてください

■三次面接以降、最終面接
- ●世間一般のイメージとのギャップをちゃんと理解して、そのうえで志望していますか？
- ●他社と比較して、当社に足りないと思うサービスはなんですか？
- ●インターネットでも旅行の予約ができますが、店舗がある意味についてお聞かせください
- ●もしクライアントからクレームを言われたらどう対処しますか？
- ●あなたが考える旅行業のプロフェッショナルについてお聞かせください
- ●当社の組織力とはどんなものだと思いますか？
- ●法人営業の需要を増やすためにはどうしたらよいと思いますか？
- ●入社後どんな旅行商品をつくりたいか提案してください
- ●外国人の方を日本に呼び込む旅行企画は？

IT・ソフトウェア業界の頻出質問リスト

IT・ソフトウェア業界で過去に実際に頻出した質問をまとめました。各企業の面接官と、各大学の就職講座などの内定者多数に対する取材で得た情報です。重要質問の対策をして高評価を目指しましょう。

■一次面接、二次面接

- 学生時代に力を入れたことはなんですか？
- あなたの自慢できることはなんですか？
- 日頃、どんな手段で情報収集をしていますか？
- よく使うアプリはなんですか？
- よく見るサイトはなんですか？
- 当社の好きな商品またはサービスを挙げてください
- 当社でやってみたい仕事を詳しく話してください
- 自分が希望する職種で活かせる自分の能力はなんですか？

■三次面接以降、最終面接

- AI や IoT は、世の中をどう変えると思いますか？
- あなたの意外な一面を教えてください
- 就活を通して成長したことはなんですか？
- 当社のアプリやソフトウェア、Web サービス等で注目していることはありますか？
- 他社のアプリやソフトウェア、Web サービス等で注目していることはありますか？
- 当社の新商品（新サービス）のアイデアをいくつか述べてください
- 最近気になるニュースはなんですか？
- 当社は第一志望ですか？

PART
5
よく出る質問項目と考え方

メーカー業界の頻出質問リスト

メーカー業界で過去に実際に頻出した質問をまとめました。各企業の面接官と、各大学の就職講座などの内定者多数に対する取材で得た情報です。重要質問の対策をして高評価を目指しましょう。

■一次面接、二次面接

● あなたが会社を選ぶ基準はなんですか？

● なぜ当社ですか？

● あなたの好きな商品はなんですか？

● 最も当社らしい商品はなんだと思いますか？

● 当社の好きな商品をいくつか挙げてください

● 当社でやってみたい仕事を詳しく話してください

● 自分が希望する職種で活かせる自分の能力はなんですか？

● 生活のなかで大切にしていることを聞かせてください

■三次面接以降、最終面接

● 当社の魅力を語ってください

● 当社の新商品（新サービス）のアイデアをいくつか述べてください

● 最近気になるニュースはなんですか？

● 当社の弱みについて詳しく説明してください

● あなたの人生観について教えてください（他人に知られていない自分を教えてください）

● あなたの長所と短所を3つずつ挙げてください

● 他社の選考状況について教えてください（当社は第一志望ですか？その理由は？）

● あなたが希望する、入社後のキャリアプランを述べてください

191

PART
5

〰〰〰〰〰〰 よく出る質問項目と考え方 〰〰〰〰〰〰

教育業界の頻出質問リスト

教育業界で過去に実際に頻出した質問をまとめました。各企業の
面接官と、各大学の就職講座などの内定者多数に対する取材で得た
情報です。重要質問の対策をして高評価を目指しましょう。

■一次面接、二次面接

- 他社と比べて当社の強みはなんだと思いますか？
- 現在の教育の問題点はなんだと思いますか？（日本の公教育はどのように変わっていくと思いますか？）
- どうしたら日本人の英語力は伸びると思いますか？
- 最近の若者の離職率の高さをどう思いますか？
- あなたが人生で大事にしてきたことはなんですか？
- 自分が行動を起こして周りが変わったことはありますか？（あなたのリーダーシップの発揮の仕方は？）
- 友だちからどんな人間だと言われるか、それを表すエピソードは？
- 今まで自分が企画やアイデアを練って実現したことはありますか？

■三次面接以降、最終面接

- 最近の教育関係のニュースで気になることはなんですか？
- 当社でやりたいことはなんですか？　それはビジネスとして利益が得られますか？
- インターネットを使った教育についてどう思いますか？（なにかアイデアは考えられますか？）
- オンライン授業で大切なことはなんだと思いますか？
- 教員になろうと思ったことはないですか？
- 日本の将来についてどう思いますか？
- 新規事業の立ち上げに興味はありますか？　また、どんな事業ですか？（それは他社でもできることではないですか？　なぜ当社でないとダメですか？）
- 自分の嫌いなところはなんですか？　それは、当社の仕事をするうえで問題はありませんか？

PART 5 よく出る質問項目と考え方

ブライダル業界の頻出質問リスト

ブライダル業界で過去に実際に頻出した質問をまとめました。各企業の面接官と、各大学の就職講座などの内定者多数に対する取材で得た情報です。重要質問の対策をして高評価を目指しましょう。

■一次面接、二次面接

- なぜ他社ではなく、当社ですか？
- 小さい頃は、どんな子どもでしたか？
- あなたが大切にしていることはなんですか？
- あなたが幸せを感じるのはどんなときですか？
- あなたの将来の夢を教えてください
- 理想の結婚式について述べてください
- アルバイトではどんな役割ですか？
- 周りの人からどう言われていますか？

■三次面接以降、最終面接

- ほかにどんな業界を見ましたか？
- ブライダルは一番の志望業界ですか？
- 当社の強みと弱みは？
- 当社の弱みの改善方法は？
- あなたはどういう人間ですか？ 当社にどのように貢献できますか？
- 結婚したいと思われる人の条件はなんだと思いますか？
- あなたのおすすめの場所とその理由は？
- 希望の職種、勤務地は？ 希望と違ったらどうしますか？
- 当社の内定が出たら、就職活動はやめますか？
- コロナ禍のなかでのブライダルビジネスのアイデアは？

PART 5 よく出る質問項目と考え方

住宅業界の頻出質問リスト

住宅業界で過去に実際に頻出した質問をまとめました。各企業の面接官と、各大学の就職講座などの内定者多数に対する取材で得た情報です。重要質問の対策をして高評価を目指しましょう。

■一次面接、二次面接

●大学で一番熱心に打ち込んだことはなんですか？
●なぜ住宅業界を志望しますか？　そのなかで、なぜ当社ですか？
●当社と他社の違いはなんですか？
●当社の売上高、従業員数、株価はご存知ですか？
●あなたは周りの人からどう思われていますか？
●あなたが大切にしていることはなんですか？
●挫折したことはありますか？
●なにか質問しておきたいことはありますか？

■三次面接以降、最終面接

●当社の住宅展示場は見学しましたか？　感想は？
●他社の住宅展示場も見学しましたか？　当社との違いは？
●入社後、目指すことはなんですか？
●当社の仕事をするにあたって、足りない能力はなんですか？
●これから取りたい資格はありますか？
●休みは、土日以外ですが、大丈夫ですか？
●希望の勤務地は？　そこでなくても大丈夫ですか？
●最後になにかアピールしておきたいことはありますか？

坂本POINT

面接官は、質問を変えて聞くこともありますがチェックしたいことは同じです。よって、準備した内容を応用して答えれば大丈夫です。

PART
5
よく出る質問項目と考え方

企業選びで一番大切なことは？

ここまで面接によく出る質問項目と考え方を紹介してきましたが、
最後に、企業選びで最も大切なことをお伝えします。

● 自分らしく働ける企業は、比較研究することで見つかる

多くの就活生が、企業の〝中身〟よりも〝知名度の高さ〟を基準
に企業を選んでいます。しかしその選び方では、入社後に後悔する
ことになりかねません。就職活動の目的は、人がうらやむような大
企業に入ることではありません。**自分らしく働くことができて、能
力的にも人間的にも成長でき、社会に貢献する仕事に就くこと**です。

自分らしく働ける企業を見つけるためには、できるだけ多くの企
業をチェックして比較研究することが大切です。比較研究によって、
その企業の特徴が浮き彫りになります。特に同業界の企業比較は効
果的です。見栄のための企業選択ではなく、自分の考え方、生き方
に合った企業選択を心掛けましょう。

● 長期的な視点で「夢計画」を立ててみよう

ただし、自分らしく働ける仕事とは、楽にできる仕事を意味する
のではありません。厳しい仕事に挑戦するほうが達成感も大きく、
充実した毎日を過ごせる場合が多くあります。20代は能力の伸び
しろが一番大きい時期です。「石の上にも三年」という諺がありま
すが、3年程度、コツコツ努力し続ければ大きな成果が得られます。
長期的な視点で自分を大きく成長させる夢計画（人生計画）**を立て
てみましょう。**夢の実現に役立つと思うと、就活はもちろん、就職
してからも高いモチベーションで楽しみながら仕事に取り組めます。

195

column

ライバル企業のインターンシップ、
セミナー、職場訪問はメリット大

企業の比較研究では、ライバル企業の研究も重要です。
インターンシップ、セミナー、職場訪問を活用しましょう。

- -

●ライバル企業の研究でトップクラスの高評価に

　ほとんどの就活生は、志望企業のインターンシップやセミナー、説明会、職場訪問等には参加しますが、ライバル企業のものには参加しません。参加しておくと、内定獲得に大きく近づくにもかかわらず、一切興味をもたず、開催案内の情報を見ることさえもしません。

　一方、ごく一部ですが、ライバル企業のインターンシップ、セミナー、説明会、職場訪問等にも積極的に参加する就活生もいます。そして志望企業とライバル企業の違いを比較研究し、その結果、彼らは面接で高い評価を得て、次々に内定を獲得しています。

●自分の価値観や人生観に合った企業選択ができる

　ライバル企業のインターンシップやセミナー等にも参加し、比較研究を深めておくと、面接で以下のような頻出質問に具体的に答えられるようになります。

　「当社が○○社に勝つためにはなにをすべきだと思いますか？」「当社の長所（強み）はなんですか？」「当社の短所はなんですか？」「なぜこの業界を選んだのですか？　なぜそのなかでも当社を選んだのですか？」

　ライバル企業との比較研究を深めておくと、志望企業だけではなく、内定獲得の幅が大きく広がります。そして自分の価値観や人生観にピッタリ合った企業を選べる可能性が飛躍的に高まるのです。

PART

6

目立った経験がないときの自己PRの秘策

就職活動で、多くの就活生が頭を悩ませるのが、

活躍したことや頑張ったエピソードがないこと。

しかし、慌てる必要はありません。

今日から始められる自己PRの方法があります。

マイナスをプラスの印象に変えていきましょう。

PART
6
目立った経験がないときの自己PRの秘策

長続きした経験がない…

　自己PRは、長続きしなかったことでも高評価が得られます。多くの就活生は長く取り組んだことでないと自己PRにならないと考えていますが、それは誤解です。たとえ短期間の経験でも、そこで得たことや身につけたこと、次に活かしたことをアピールすれば高い評価を得られます。重要なのは、**その経験でなにを学んだか**です。

OK回答 多数のアルバイト経験をアピール

　私は短期のアルバイトを中心にこれまで10種類以上の仕事を経験してきました。肉体労働はもちろん、事務職やサービス業、店頭キャンペーンMC、イベント管理などのアルバイトも経験しました。これらの仕事で学んだことを、御社の求人メディアの編集職で活かしたいと考えています。

OK解説

　アルバイトを頻繁に変えることだって、プラス面をアピールすればマイナス評価されることはありません。10種類以上ものアルバイト経験は**チャレンジ精神や行動力のアピール**になります。また、これらのアルバイトで得た経験を志望職種に活かそうとすることで、志望意欲のアピールにもなります。企業が求めているのは継続力だけではありません。柔軟な発想で自己PRを考えましょう。

OK回答 短期間の習い事をアピール

私は短期集中型の手品教室に通って3カ月間で12種類の手品を身につけました。手品は細かいテクニックだけではなく、お客様の心を誘導するコミュニケーショスキルも重要です。私は手品を通じてお客様の笑顔がなによりのモチベーションになることを学び、御社の営業職を志望しました。よろしければ、今ここで簡単なマジックを披露します。

OK解説

手品に限らず、**短期間の集中講座で学べるものはたくさんあります**。たとえ短期間でも真剣に取り組めば、それなりのスキルや知識が得られるものです。自己PRのネタになる経験がなければ、短期講座でなにかを学び、それをアピールするのも1つの手です。話術が身につく手品のように志望職種に活かせるスキルや知識を学ぶと、なおいいでしょう。たとえ短期間であっても、なにもやっていない人と比べたら格段の差がつきます。この受験者のように**身につけたスキルを面接官の前で披露する**のも、効果的な自己PRの手段です。インパクトがあり、度胸や実行力のPRにもなるので、高い評価を得られます。

坂本POINT

一流企業の内定者の自己PRを調査すると「この程度でも大丈夫だったのか!」という自己PRネタが珍しくありません。面接官が求めているのは、すごい体験や長期間努力したことだけではないのです。どんなに些細なことでも、仕事に役立つ行動力や考え方、物事に対する情熱を伝えられれば高評価を得られます。重要なのはネタではなく伝え方です。

PART
6

目立った経験がないときの自己PRの秘策

スポーツに励んでも
成績が今ひとつ…

　スポーツの大会で惨敗した経験でも、一度も勝ったことがないスポーツ経験でもトップクラスの高評価が得られる自己PRになります。面接官が求めているのは、スポーツの華々しい経歴ではありません。仕事の基礎となる健康と体力、そして根性や忍耐などの精神力です。**スポーツを通じて成長したことや努力したこと**をアピールしましょう。

OK回答
フルマラソンの完走体験をアピール

中高と文化部でしたが、体力をつけようと一念発起して大学ではマラソン同好会に入部しました。毎日少しずつ走る距離を延ばして半年後には 42.195km のフルマラソンに出場。結果は惨敗でしたが、完走することができました。人間は努力すれば変われる。私はそう思えるように成長できました。

OK解説

　この受験者は、体力づくりに励み、フルマラソンに出場しました。上位入賞でなく**完走したエピソード**ですが、面接官の高評価を得ました。運動経験がなかった人にとって、42.195km を走り抜くのがどれだけ大変なことか、またどれほど努力したのかは多くを語らなくても面接官に伝わります。体力はもちろん、仕事でも頑張れる人であることが伝わる自己PRです。

OK回答　サッカーの猛練習をアピール

私は学生時代サッカーに打ち込み、コツコツ努力する習慣を身につけました。毎日10kmの朝ラン、午後は250m走を10本に50m走を10本と基礎練習や体幹トレーニング、真夏は3時間のエンドレス100mダッシュ。レギュラーの高い壁は越えられませんでしたが、1日も練習を休んだことはありません。継続力と忍耐力は誰にも負けない自信があります。

OK解説

大会に入賞できなかったり、レギュラーではなかったとしても、スポーツに打ち込み、努力した経験は立派な自己PRになります。自慢できる結果がなければ、**練習での努力をPRの軸にすればよい**のです。走った距離や練習した時間は、明確な努力の結果として面接官に伝わります。野球やテニス、剣道なら素振りの回数、バレーボールやバスケットボールなら打ち込みやシュートの回数を合算すると、極めて大きな数字となってインパクトが強くなります。**継続力や忍耐力は、どんな仕事でも必要となる**重要な要素です。休まず練習を続けたことだけでも高い評価を得られます。自信をもってアピールしましょう。

坂本POINT

多くの就活生は大会などで結果を残していないと自己PRにできないと誤解しています。確かに大会での優勝など華々しい結果は目立つ自己PRになります。しかし、仕事をするうえで重要なのはスポーツ選手としての能力ではなく、ハードな仕事でも耐えられる体力や精神力です。練習での努力やスポーツを通じて成長したことを伝えれば高い評価を得られます。

PART
6

目立った経験がないときの自己PRの秘策

いつも主役でなく
脇役だったけど…

　リーダーやキャプテン、部長、委員長など、集団における主役的な存在でなければ、自己PRのネタにならないと考えていませんか？　そんなことはまったくありません。脇役でも裏方でも補欠でも、トップクラスの高評価が得られる自己PRになります。仕事とは組織でするものです。たとえ裏方の目立たない仕事でもしっかり取り組み、組織に貢献できる人は高い評価を得られます。

OK回答 裏方としてのプロ意識をアピール

　私は演劇部に所属しています。舞台でスポットライトを浴びる役者ではなく、その光を当てる照明係です。地味な役割ですが、私はこの仕事に誇りをもっています。役者も裏方も一体となって舞台を成功させることが演劇の醍醐味です。御社の仕事でもチームの一員として目標達成に貢献したいです。

OK解説

　演劇も主役だけではなく脇役や裏方も重要な役割を担っています。それは仕事においても同じです。会社には華やかな仕事もあれば、縁の下の力持ち的な仕事もあります。むしろそちらのほうが多いといえるでしょう。企業が求めているのは、組織の一員として働ける人です。この自己PRのように、組織のなかでの役割を自覚したプロ意識の高い自己PRは極めて高く評価されます。

202

OK回答 3Kへの積極的な取り組みをアピール

私はレストランのアルバイトで人の嫌がる3K仕事に積極的に取り組んでいます。3Kとは「臭い・汚い・かっこ悪い」といわれるトイレ掃除、ゴミ捨て、シンクの汚れ落としです。私はお店の良し悪しは、そんな目につかないところで決まると考えています。御社の仕事でも、人の嫌がる仕事であっても率先して取り組み、全力で頑張ります。

OK解説

最近はストレス耐性を重視する企業が増加しており、「当社の仕事はハードですが、耐えられますか？」「希望しない部署に配属されたらどうしますか？」といった質問が増えています。これらの質問は「当社の華やかな面だけを見て憧れていないか？」という志望度の強さを確認する意図があります。オシャレなレストランでも、3K仕事は当然あります。華やかな仕事の表面だけでなく**舞台裏も理解して、積極的に取り組める**ことは、非常に力強い自己PRになります。この受験者のように**3K仕事でも率先して取り組める人**は、極めて高い評価を得られます。裏方として頑張った経験も積極的にアピールしましょう。

坂本POINT

一流企業の内定者を調査すると、部活で補欠だったエピソードをPRしている人が非常に多いです。チームワークや献身性をアピールする人はレギュラー選手よりも高評価を得ています。主役の経験がないことは不利ではなく、むしろ面接では有利なのです。脇役や裏方の経験は、自己PRの強力な武器となります。自信をもって堂々とアピールしましょう。

PART
6

目立った経験がないときの自己PRの秘策

学業の成績があまりよくない…

　学業についてアピールする場合、成績がすべて最高評価でなくてもまったく問題ありません。たとえ成績がよくなくても萎縮してはダメです。在学中に受講した科目のなかで、**好成績を取得した科目が1つでもあれば大丈夫**です。その科目における努力を軸にした自己PRで高評価を得られます。やればできる人であることを伝えましょう。

OK回答 勉強に取り組む姿勢をアピール

　私は学生時代、中国語の勉強で最高評価のSを獲得しました。商社で働くには中国語は不可欠だと思い、通学時間や授業前後の空き時間なども無駄にせず徹底的に勉強に打ち込んだ結果です。自主的に勉強した時間は1000時間以上になります。御社の仕事でも目標に向かって徹底的に努力します。

OK解説

　大学の成績があまりよくなくても、優（最高評価）を取得した科目が1つでもあれば高評価を得られる自己PRにできます。企業が求めているのは、自ら努力し、成長できる学生です。担当教授による最高評価は、**目標に向かって努力し、成長のできる人物であることの客観的な証拠**になります。勉強に打ち込んだ時間を合計して述べると、努力の量が数字となって伝わり、高評価を得られます。

204

特に力を入れた科目をアピール

私が学生時代に頑張ったのは学業です。特に力を入れた科目は、地域経済です。私は地域の活性化に強い関心があったので、大学の授業だけでなく、100種類以上の地方紙やタウン誌などを収集分析して理解を深め、30カ所以上の地方都市に取材に行き、最高評価のSを獲得できました。この研究成果は、御社の事業開発の仕事でも活かせると考えています。

OK解説

企業は、あらゆる学業が優秀な人物を求めているというわけではありません。面接官が知りたいのは、学業に打ち込んだ理由や目的、どう努力し、どんな成果を得て、なにを学んだかです。新聞や関連書籍など大学教材以外の資料にも目を通して勉強を深めていると、研究心の強さがアピールできます。また、その科目に関係する場所や人物を取材したエピソードがあると行動力やコミュニケーション力の自己PRにもなります。この回答のように、**どのように学業に打ち込んだのかを具体的に伝え、志望職種に結びつけることができる**受験者は、志望動機や志望意欲の高さがアピールできるので、トップクラスの高評価を得られます。

面接では「学業で力を入れたことはなんですか？」「大学の成績はどうですか？」「満足できる学生生活を送ることができましたか？」といった質問が頻出します。また、「学業で得たことはなんですか？」「当社の仕事に役立ちますか？」といった深掘り質問がくることがありますが、OK回答のような返答ができればまったく問題ありません。自信をもって答えましょう。

PART
6

目立った経験がないときの自己PRの秘策

大学受験に失敗！
浪人したけど…

多くの就活生は、失敗経験は就活で不利だと誤解しています。失敗経験がある人こそ高評価を得やすく、内定を獲得できるのです。受験の失敗もその1つです。浪人時代の経験は、高評価を得られる自己PRにできます。浪人時代になにを学び、どのように成長したのかを伝え、**失敗してもくじけない人物であること**をアピールしましょう。

OK回答　体調管理の徹底をアピール

私はセンター入試の日に高熱を出して受験に失敗しました。この経験から体調管理の重要性を身をもって学びました。そこで浪人時代は勉強だけでなく、毎週ジムに通って体を鍛えました。食事にも気を配るようになり、翌年は無事に合格。大学時代は一度も体調を崩したことがありませんでした。

OK解説

失敗を活かして成長できた人は、高い評価を得られます。この受験者は大学受験には失敗しましたが、体調管理の重要性を学び、浪人時代に体を鍛えて健康を維持できるようになりました。体調管理は仕事のうえでも大事なことです。健康も自己PRになります。浪人経験のある人は、受験の失敗からなにを学び、その後どう成長したのかを伝えれば強力な自己PRになります。

206

OK回答　英語力アップをアピール

私は英語が苦手で大学受験に失敗しました。そこで、大学入学後に、TOEIC® 300点UP（730点）の目標を立て、オンライン英会話レッスンで毎日外国人と話して英会話力を鍛え、さらに、TOEIC®問題集を30回繰り返し学習しました。結果、3年時に350点UP（780点）を達成しました。この英語力を活かして御社の海外事業部で貢献します。

OK解説

一般的に学生は、大学受験の失敗とは第一志望の大学に落ちたことと考えます。しかし、面接官が考える失敗は違います。入学後に充実した大学生活を過ごせていない大学選択をした場合を、失敗と考えるのです。重要なのは**目標をもって努力し、充実した日々を過ごしたかどうか**です。それは浪人時代であっても同じです。この受験者は、苦手な英語を克服するために猛勉強をして、当初の目標以上のTOEIC®スコアを獲得しました。行動力と英語力が伝わるこの内容は、志望する海外事業部で求められる素質とも合致しています。このように大学受験失敗後に相当の努力をした人は、トップクラスの高評価を得られます。

坂本POINT

「失敗したことがない人と失敗してもくじけなかった人、どちらを採用したいですか？」。そう面接官に質問すると、ほとんどの人が後者を挙げます。新入社員に失敗はつきものです。どの企業も、失敗してもくじけず努力を続けて成長できる人を求めています。失敗は面接の武器です。大学受験失敗後に努力した経験を堂々とアピールすれば、必ず高評価を得られます。

PART
6

目立った経験がないときの自己PRの秘策

留年経験があるので
とても不安…

　留年経験は、就活の致命的な問題ではありません。社会で活躍できなくなることも決してありません。**重要なのは、留年した理由**です。その理由がポジティブであれば、不利になるどころかむしろ有利になるのです。留年をこそこそ隠すようでは評価が大きく下がりますが、**胸を張ってその理由をアピール**すれば高評価を得られます。

OK回答　演劇活動に没頭したことをアピール

学生時代は演劇活動に没頭しました。芝居はもちろんですが、会場手配やスケジュール調整、ポスター制作、SNSを活用した広報など、多岐にわたる仕事を手掛けました。留年もいとわず全力で打ち込み、3年目にコンテストで入賞できました。御社の仕事も情熱をもって全力で取り組みます。

OK解説

「学生時代に打ち込んだことはなんですか？」は頻出質問の1つですが、これは**仕事に全力で打ち込める人かどうか**のチェックです。一般的に学生は仕事経験がないので、その代わりに学生時代に打ち込んだことを尋ねるのです。この受験者は留年するほど演劇活動に打ち込み、プロと同じような経験も積んでいます。こうした受験者は高評価され、留年も決して不利になりません。

208

OK回答 全国大会を目指したことをアピール

私は大学時代、ダンスに打ち込んできました。全国大会出場を目指し、チームで日々特訓を重ねる一方、学業が疎かになり、留年してしまいました。今はその遅れを取り戻すために勉強に打ち込んでいます。また、御社の営業として全国トップになるという新たな目標ができました。ダンスの厳しい特訓に耐え抜いた根性で、御社でも必ず結果を出してみせます。

OK解説

留年経験のある受験者に対しては、面接でその理由を聞かれる場合があります。それには、**自己管理や自己改善能力のチェック**、そして、**「学業より優先するものがあったのかを知りたい」**といった意図があります。その際に言い訳がましい理由を述べると評価は大きく下がりますが、この受験者はダンスを優先させて学業が疎かになったことを素直に認め、今は勉強に励み、新たな目標として志望企業で営業職の全国トップになることを挙げています。このようになにかに全力で打ち込んだ経験があり、かつ自分を省みて、**新たな目標に向かって意欲的な発言ができる人**は極めて高く評価されます。留年経験をプラスに変えましょう。

坂本POINT

社会で活躍している人には、留年経験者が非常に多くいます。試しにインターネットで検索してみてください。各界のトップクラスの人物が大勢いて、留年に対する先入観が覆るでしょう。有名企業に就職している人も多くいます。留年は決して就職に不利とは限らないのです。なぜ留年したのか、胸を張ってその理由を語り、高評価を獲得しましょう。

PART
6
目立った経験がないときの自己PRの秘策

習い事も小学生の頃
くらいしか…

　目立った経験がないときの自己PRの秘策として、**小学生時代の習い事**があります。習い事は自発的に取り組んでいる場合が多いことから、付け焼き刃ではない説得力のある自己PRになりやすく、継続力や体力、忍耐力、コツコツ努力できることのアピールになります。仕事に役立つスキルや経験であれば、極めて高い評価を得られます。

OK回答 そろばんで身につけた計算力をアピール

　私は7歳からそろばんを習い、珠算能力検定2級を取得しました。私の頭のなかには今でもそろばんがあり、複雑な計算であっても素早く正確に暗算できます。計算が好きな私にとって、経理などの事務職は天職だと考えています。問題を出していただければ、1秒で正確な答えを出してみせます。

OK解説

　素早く正確な計算力は、経理をはじめ多くの職種で必要になる有効なPRポイントです。面接でそのスキルを披露すれば、計算能力だけではなく、度胸や自信、大胆な行動力のアピールにもなり、面接官の印象に強く残ります。「芸は身を助ける」という諺もあります。小学生に限らず、**過去の習い事を棚卸しして、身につけたスキルを自己PRにする**ことを検討してみましょう。

OK回答 レスリングで鍛えた心身の強さをアピール

私は吉田沙保里さんに憧れて8歳からレスリング教室に入門しました。男子と一緒に練習し、タックルや投げ技で倒し、何度もフォールを奪いました。しかし、私が一番目指していたのは、吉田元選手のような強い心をもつことです。OB・OG訪問をした際に営業職は厳しい仕事だと伺いましたが、金メダルを目指すような不屈の精神でやり遂げたいと思います。

OK解説

心身の強さは、ビジネスパーソンにとって必要不可欠な要素です。営業は足を使った行動力と、商談を断られてもくじけない心の強さが特に必要となる職業です。この受験者は、それも踏まえたうえでレスリングを通じて鍛えた心身の強さをアピールしているので、高い評価を得られます。目標とする人物にオリンピック金メダリストの名前を挙げたり、男子を倒してきたエピソードにもインパクトがあり、面接官の印象に強く残ります。

将来を大きく期待させる自己PRとなっています。スポーツの習い事をPRする場合は、**体力だけでなく精神力の強さをアピールする**ことが大事なポイントです。

坂本POINT

小学生時代のことは自己PRにできないと思われがちですが、それは間違いです。今は趣味程度であっても、小学生のときに真剣に取り組んでいたことなら大丈夫。ポイントは仕事に活かせる体力・精神力・継続力・忍耐力、あるいは専門的なスキルを軸に自己PRをつくることです。新たな習い事を始めるのも有効な方法です。自己PRもつくれて一石二鳥です。

PART
6

目立った経験がないときの自己PRの秘策

今の就活を長所に①
店舗見学・工場見学

　自分には長所がない、自己PRできるものがなにもない、そんな
ふうに思っている人が多くいます。しかし、心配はいりません。ほ
とんどの就活生は、自己PRは過去の経験から見つけ出さなければ
ならないと誤解していますが、**今現在の就職活動だって自己PRに
できる**のです。店舗見学、工場見学を自己PRにする方法を解説し
ます。

OK回答 10店舗の見学をアピール

御社の10店舗を見学しました。店舗の外観、店内のレイア
ウト、ディスプレイ、地域による違いなどを研究いたしまし
たが、どの店舗にも共通していたのは、お客様目線のホスピ
タリティの高い接客でした。私はその点にとても感銘し「ぜ
ひ御社で働きたい！」と思いました。

OK解説

　就活生の多くはネットに頼りがちで、**足を使う企業研究が疎かになっていま
す**。店舗、工場、ショールームがある企業の受験者で、これらを見学している
人は10人に1人もいません。見学が10カ所を超える人は100人に1人も
いません。**10カ所以上の見学は、他の受験者と大きな差がつきます**。研究し
たことを述べ、志望理由の説得力を高めれば、圧倒的な高評価を得られます。

212

OK回答　工場見学と他社比較をアピール

東京工場、横浜工場、静岡工場を見学しました。また岡山の展示館にも行き、御社の原点をじっくり学びました。国産第1号の製品の実物と開発秘話に大変感動し、創業者の○○様の魂は今も受け継がれていることがよくわかりました。同業他社の○○社の工場や記念館も見学しましたが、私が売りたいと強く思ったのは、やはり御社の製品でした。

OK解説

工場見学は企業研究に役立つだけでなく、他の受験者と大きな差がつく自己PRになります。この受験者は東京から岡山まで足を運んでいるので、さらに高い評価を得られます。**同業他社と比較研究すると志望企業の長所や特徴が具体的にわかる**ようになり、志望理由の説得力が増します。また、過去のヒット商品の研究は年配社員と盛り上がる話題になります。特に社長や役員が同席する**最終面接では、志望意欲をアピールする強力な武器**となります。ネット上の写真ではなく、実際の工場や製品を見ると言葉に力が増します。長所が見つからない人だけでなく、すべての受験者におすすめしたい企業研究の方法です。

坂本POINT

店舗見学や工場見学は、自己PRにもできる一石二鳥の企業研究の方法です。見学数の多さ、時間やお金をかけていること、見学で学んだこと、自分の目で見たこと、実体験したことなどはすべて自己PRの題材になり、志望理由の説得力を高めます。競合他社も同様に見学し、比較研究したノートを面接に持参すると圧倒的な高評価を得られる自己PRになります。

PART
6

目立った経験がないときの自己PRの秘策

今の就活を長所に②
新聞の活用

　新聞を読むことは社会人にとって常識ですが、残念ながら学生で新聞をしっかり読んでいる人は極めて少ないです。だからこそ、**新聞を読むとライバル就活生に大きな差をつける**ことができます。新聞を活用することは、企業研究を深めるだけでなく自己PRにできます。他の就活生がやっていないことなので、目立った経験がないときの自己PRの秘策にもなり、高い評価を得られます。

OK回答
業界記事のスクラップをアピール

　私は毎日、新聞を読んで飲食業界の情報をスクラップしています。昨年○月、○○新聞に掲載された社長の○○様の記事に大変感銘を受け、私は御社を志望しました。お客様が自由に料理を選べるように価格を抑えているというお話でしたが、その理由について詳しく聞かせていただけませんか？

OK解説

　新聞を読むことには多くのメリットがありますが、志望企業や希望職種の発見や選択、職業意識の形成だけでなく、面接官との会話にも役立ちます。**新聞記事で興味をもったことを逆質問**すれば、志望意欲の高さをアピールし、仕事に対する意識の高さを感じさせる自己PRになります。志望企業について深く理解し、高度な会話ができる受験者は、極めて高く評価されます。

OK回答 旅行の企画案をアピール

私はツアープランナーを志望しています。業界研究を深め、アイデアの種を見つけるために新聞記事をスクラップしています。旅行広告、観光地情報、航空や鉄道、気象や環境などの記事もストックしています。スクラップブックは3冊になり、旅行の企画案も30を超えました。企画案を持参しましたので、プロの意見を聞かせていただけないでしょうか？

OK解説

新聞を毎日しっかり読んでいることは、仕事に対する意識の高さを感じさせる自己PRになります。新聞記事のスクラップは、入社後も新商品や新サービス、新企画を考える際のデータベースになるので、志望意欲の高さの証明になります。スクラップブックをつくっている学生は非常に少ないので、**面接に持参し適切なタイミングで取り出してみせれば、面接官の印象に強く残ります。**この受験者のように3冊もつくっていると、志望職種に対する熱意が強烈に伝わります。さらに自分が考えた企画案やアイデアを面接官に提示し意見を求めれば、その行動力や度胸、積極性が認められ、トップクラスの高評価を得られます。

坂本POINT

新聞記事を活用した自己PRは短期間でも成果があるので、今からでも間に合います。高評価を得る秘訣は、スクラップブックや研究ノートをつくり、志望企業・志望業界についてしっかり学んでいる証拠をつくることです。図書館の『新聞の過去記事検索サービス』を利用して志望企業や志望業界の記事収集をすると、短時間で容易にスクラップブックを作れます。

PART
6

目立った経験がないときの自己PRの秘策

今の就活を長所に③
Webサイトの活用

ほとんどの就活生は、志望企業の Web サイトが自己 PR に活用できるとは思いもしません。しかしそれは、大きな損です。見るだけではなく、活用することが重要です。自己 PR できる長所がないと悩んでいる人は、**志望企業の Web サイトを徹底的に活用**しましょう。志望熱意の強さがアピールできて、高評価を得られます。

OK回答 30社の比較研究をアピール

アパレル業界 30 社の Web サイトを比較研究し、実際に買い物もしました。特にバーチャル試着の仕組みに注目していたのですが、御社のサイトが最も使いやすく、着用したときもイメージどおりで驚きました。御社がユーザーファーストの企業理念を徹底されていることに大変感動し志望しました。

OK解説

志望企業とライバル企業の Web サイトや商品・サービスの比較研究をすると、**志望理由の説得力や分析力の高さが自己 PR になり**、高い評価を得られます。面接官が驚くほど研究を深めることが高評価のポイントです。この受験者は実際に買い物もしているので、さらに説得力が増しています。30 社も比較する人はほとんどいないので、トップクラスの高評価を得られます。

216

社員の言葉の熟読をアピール

私は御社やグループ企業のWebサイトや求人サイトを拝見して、社員の方々のインタビューを熟読しました。特に印象に残っているのは、むつ市の工場の技術者の方のお話です。「見えないところで力になるものをつくる」という言葉に大変感銘を受けて御社を志望しました。私も電子機器の内側から人々の暮らしを支え、御社や世の中に貢献したいです。

OK解説

顧客向けコンテンツに注力している企業のWebサイトには、社員のインタビューが多数掲載されている場合があります。それらの記事には、志望企業の仕事の心構えややりがいが詳しく書かれているため**自己PR作成の貴重なヒントになります**。こうした記事を熟読し企業研究を深めている受験者は、志望理由に説得力があり、熱意の高さもPRできるので高く評価されます。重要なのは、**感銘を受けたポイントを具体的に伝える**ことです。

この受験者のように、志望企業のWebサイトだけでなく、グループ企業や求人メディアの記事までチェックしている受験者はトップクラスの高評価を得られます。

Webサイトの活用には、ほかにもさまざまな方法があります。Webサイトに掲載されている商品活用例を実際に試してみる行為は、実行力の高さの自己PRになります。社員の言葉をアルバイトなどで実行したことを伝えれば、向上心の高さの自己PRになります。Webサイトの活用は面接でも話が盛り上がりやすいので、極めて効果の高い面接対策です。

PART 6

目立った経験がないときの自己PRの秘策

今日から始める自己PR法

就職活動を自己PRにする方法は、まだまだあります。
今日からでもできる、とっておきの秘策を紹介します。

● 自己PRは今日からでもつくれる

ほとんどの就活生は、自己PRは過去の経験から見つけるものだと思っています。今からでもつくれるとは、夢にも思いません。しかし、「行動的な就職活動」をすることによって、**自己PRはいくつでもつくることができます**。それらの行動を面接で話せば、圧倒的な高評価が得られます。行動的な就職活動は、決して難しくありません。小さな勇気があれば、誰でもできることです。

● 会社説明会を活用する

行動的な就職活動は、店舗見学や工場見学、新聞やWebサイトの活用以外にも、「会社説明会」を活用する方法があります。ほとんどの学生は、会社説明会に行くと、ただ参加するだけで満足してしまいます。しかし、トップ内定者は違います。ある行動を起こすことによって、そのプラスアルファの経験を自己PRとして活用し、非常に高い評価を得ているのです。ある行動とは、以下の2つです。

こんな人は高評価！ 会社説明会における2つの行動

❶ 自分から積極的に社員に声をかけて質問する

❷ 別の職種や地域の説明会に比較研究のために参加する

218

●トップ内定者の回答例① 銀行の場合

面接官 当社の会社説明会の感想をお聞かせください。

内定者 はい、女性社員の仕事内容について、非常によくわかりました。ぜひ私も御社で働きたくなりました。

面接官 おや？　女性社員の仕事についての説明は特にしなかったと思いますが？

内定者 はい、実は、会社説明のあと、女性社員の方に声をかけて質問させていただいたのです。事業部の○○様がいろいろ教えてくださいました。

面接官 なるほど、君は積極性がありますね。

●トップ内定者の回答例② 商社の場合

面接官 当社の会社説明の感想をお聞かせください。

内定者 私は御社の説明会には５回参加しましたが、どれもとても充実していました。

面接官 えっ、５回も参加したの？　それはどういうこと？

内定者 職種別に行われているものに３種類出ました。○職と○職と○職の説明会です。また、私は関西出身なので、大阪で開催されている説明会にも２回参加しました。それで計５回です。

面接官 ずいぶん熱心に参加したんだね。

●トップ内定者の回答例③ マスコミの場合

面接官 当社の会社説明会の感想をお聞かせください。

内定者　はい、会長の○○様がとても親切にいろいろ教えて
　　　　くださって感激しました。
面接官　会長に質問する場は、特に設けていなかったはずで
　　　　すが？
内定者　はい、会長様のスピーチに感動したので、説明会の
　　　　終了後、急いで質問しにいったのです。そうしたら、
　　　　親切に答えてくださいました。お礼のメールを差し
　　　　上げたら、それにも返事をくださいました。すでに
　　　　５回ほど、メールでやりとりをさせていただいてい
　　　　ます。
面接官　会長とメールのやりとりをしているのですか！　君
　　　　の行動力は大したものだ。

● 小さな勇気を出せば、大きな評価が得られる

トップ内定者の行動で注目すべきことは、**会社説明会の参加の仕
方が、志望熱意や積極性、行動力の自己PRになっている**ことです。
説明会が終わったあと、話を聞きたい社員に声をかけ交流してみる。
何度も説明会に参加する。違う地域の説明会にも行ってみる。会長
や社長など、スピーチをした会社のトップに質問に行く。

どれも決して難しいことではありませんが、やる人は滅多にいませ
ん。だからこそ面接官に強烈な印象を残し、高評価されるのです。

● 就職活動では、知る楽しみを追求しよう！

あなたも志望企業について、いろいろなことを知りたいはずです。
どんな社員がいるのか、どんな働き方をしているのか、職種や地域
別にどんな違いがあるのか、トップはどんな人なのか。

就職活動は、自分が知らないことを知ることができるチャンスで
す。志望企業に興味をもって、**知る楽しみを追求して**ください。知

れば知るほど、就活に対するモチベーションが高まり、志望企業への入社意欲が増していきます。それらの行動すべてが自己PRになり、高く評価され、内定獲得につながるのです。

● 自己PRは、就職活動中に日々増えていく

自己PRになる「行動的な就職活動」をまとめました。どれも目立った経験がない人にとって秘策になります。ぜひ実行してください。

❶ OB・OG 訪問に力を入れる

志望企業の OB・OG 訪問を 3 人以上すると、「行動力・積極性・志望意欲」がつまった熱意ある自己 PR になる

❷ 店舗見学・工場見学に力を入れる

10 店舗以上の見学をすると、「行動力・積極性・志望意欲」がつまった熱意ある自己 PR になる

❸ 会社説明会に積極的に参加する

自ら質問して社員と交流したり、何度も参加し企業研究を深めると「行動力・積極性・志望意欲」がつまった熱意ある自己 PR になる

❹ 新聞記事をスクラップする

3 カ月以上のスクラップがたまると「情報収集力・積極性・志望意欲」がつまった熱意ある自己 PR になる

❺ Web サイトを活用する

志望企業と同業他社の Web サイトを 5 つ以上比較研究すると「情報収集力・積極性・志望意欲」がつまった熱意ある自己 PR になる

❻ 多くの企業の社員と会って企業の比較研究をする

20 社以上の社員と話をすると「コミュニケーション力・行動力・志望意欲」がつまった熱意ある自己 PR になる

221

おわりに

合格の秘訣は「明るく楽しい未来」を考えること!

面接に必要なノウハウは、すべて紹介しました。
最後に、もう1つ大事なことをお伝えします。

●面接で重要なのは、プラス思考!

　私は約20年間にわたり、全国90以上の大学で就職指導の講師を務め、7万人以上の学生を指導してきました。多くの学生が「自分は受からないんじゃないか」「大したことやってきたわけじゃないし……」などと考え、就職活動に不安を感じています。たとえ有名大学の学生であっても、周りの優秀な人と自分を比較して「自分じゃ難しいのかな……」とマイナス思考に陥っています。

　面接を突破するために大切なのは、こうしたマイナス思考をプラス思考に変えることです。面接では、メンタルの状態がストレートに結果に反映します。では、どうしたらプラス思考に変えられるのでしょうか。それは「明るく楽しい未来」を思い描くことです。

●未来思考型の自己分析をしよう

　私が指導している就職講座では、「未来志向型」の自己分析をおすすめしています。一般的な自己分析は、過去を振り返り、「中学では○○をした」「高校では○○をした」と考えていきますよね。しかし、より重要なのは「自分の未来」や「夢」について考えることです。

　20代ではどんなふうに働いていたいか、何を楽しみたいか、30代では、40代では……と、仕事とプライベートを分けて、楽しいことを書き出していき、そこから逆算して志望企業を決めるので

す。人生の目標が決まれば、そのためにすべきことも明確に見えてきます。

　志望企業でどんなふうに働いて、どんなプライベートを送るか。明るく楽しい未来を思い描くことで、志望企業への熱意が高まり、プラス思考に変わります。すると面接における態度も自然と変化します。

●就職活動＝夢実現活動

　就活を定義し直すと、「夢実現活動」です。会社に入ると、収入だけではなく、仲間や友だちも得られます。金銭的に豊かになれば、趣味も充実させることができます。実際、デキる社員には、こういう考え方をしている人が多くいます。

　学生の大多数は、「仕事＝つらいこと」と考えてしまっていますが、仕事とは本来楽しいものです。たとえば、英単語1つ覚えるのも「英語を使って将来こんなことができる」と考えたら、楽しく覚えることができますよね。仕事も同じです。「仕事＝楽しいこと」と考え方が変わった瞬間に、就活の捉え方が変わってきます。

●「明るく楽しい未来」が力を与えてくれる！

　就活＝つらい、仕事＝つらい、人生＝つらい、こうした考えを打ち破るために、「明るく楽しい未来」を考えてみましょう。人生を楽しむという視点から捉え直し、趣味と同じように仕事も楽しむことを考えてみるのです。すると、就活の捉え方が変わります。

　楽しむために就職すると考えれば、志望理由もイキイキとしたものになり、高評価を得られます。自己PRできることがなければ、就活を楽しみ、それをアピールすればいいのです。自分が考えた「明るく楽しい未来」という夢が、あなたに力を与えてくれます。

　面接は、その扉です。さあ扉を開け、明るく楽しい未来へ進みましょう！

坂本直文

■監修者紹介■

さかもとなおふみ
坂本直文

就職コンサルタント・キャリアデザイン研究所代表。採用情報、コーチング技術等を駆使した実践的指導を行う。立教大学理学部物理学科卒。

大学時代から就職コンサルタントを志し、証券会社、広告代理店、新聞社、教育業界にて実務経験を積み、現研究所を設立。東京大学、京都大学、大阪大学、早稲田大学、立教大学など全国 90 以上の大学で就職講座の講師を務める（主催は、大学、大学生協、その他）。主な著書に『内定者はこう書いた！エントリーシート・履歴書・志望動機・自己 PR 完全版』、『内定者はこう話した！ 面接・自己 PR・志望動機 完全版』（以上、高橋書店）、『就活テクニック大全』（東洋経済新報社）、『グローバル企業・外資系企業を目指す人のための就職転職ガイド』（マイナビ出版）など多数。

・監修者 MAIL　sakamoto393939@yahoo.co.jp
・監修者 Twitter @SakamotoNaofumi

装丁：若井夏澄
本文デザイン：東京 100 ミリバールスタジオ
本文 DTP：浮田雄介
イラスト：ハザマチヒロ
執筆協力：谷田俊太郎
編集制作：山角優子（ヴュー企画）
営業：佐藤望（TAC 出版）
編集統括：田辺真由美（TAC 出版）

2026 年度版
めんせつ　きょうか　しょ
面接の教科書 これさえあれば。

2024 年 1 月 20 日 初版 第 1 刷発行

監修者	坂本直文
発行者	多田敏男
発行所	TAC 株式会社 出版事業部（TAC 出版） 〒 101-8383 東京都千代田区神田三崎町 3-2-18 電話 03（5276）9492（営業） FAX 03（5276）9674 shuppan.tac-school.co.jp
印刷	株式会社光邦
製本	東京美術紙工協業組合

©TAC2024
Printed in Japan
ISBN 978-4-300-11047-8
N.D.C. 377

本書は、「著作権法」によって、著作権等の権利が保護されている著作物です。本書の全部または一部につき、無断で転載、複写されると、著作権等の権利侵害となります。上記のような使い方をされる場合、および本書を使用して講義・セミナー等を実施する場合には、小社許諾を求めてください。

乱丁・落丁による交換、および正誤のお問合せ対応は、該当書籍の改訂版刊行月末日までといたします。なお、交換につきましては、書籍の在庫状況等により、お受けできない場合もございます。
また、各種本試験の実施の延期、中止を理由とした本書の返品はお受けいたしません。返金もいたしかねますので、あらかじめご了承くださいますようお願い申し上げます。

書籍の正誤に関するご確認とお問合せについて

書籍の記載内容に誤りではないかと思われる箇所がございましたら、以下の手順にてご確認とお問合せを
してくださいますよう、お願い申し上げます。
なお、正誤のお問合せ以外の**書籍内容に関する解説および受験指導などは、一切行っておりません。**
そのようなお問合せにつきましては、お答えいたしかねますので、あらかじめご了承ください。

1 「Cyber Book Store」にて正誤表を確認する

TAC出版書籍販売サイト「Cyber Book Store」の
トップページ内「正誤表」コーナーにて、正誤表をご確認ください。

CYBER TAC出版書籍販売サイト
BOOK STORE

URL:https://bookstore.tac-school.co.jp/

2 ①の正誤表がない、あるいは正誤表に該当箇所の記載がない
⇒ 下記①、②のどちらかの方法で文書にて問合せをする

★ご注意ください★

お電話でのお問合せは、お受けいたしません。

①、②のどちらの方法でも、お問合せの際には、「お名前」とともに、
「対象の書籍名(○級・第○回対策も含む)およびその版数(第○版・○○年度版など)」
「お問合せ該当箇所の頁数と行数」
「誤りと思われる記載」
「正しいとお考えになる記載とその根拠」
を明記してください。
なお、回答までに1週間前後を要する場合もございます。あらかじめご了承ください。

① ウェブページ「Cyber Book Store」内の「お問合せフォーム」より問合せをする

【お問合せフォームアドレス】

https://bookstore.tac-school.co.jp/inquiry/

② メールにより問合せをする

【メール宛先　TAC出版】

syuppan-h@tac-school.co.jp

※土日祝日はお問合せ対応をおこなっておりません。
※正誤のお問合せ対応は、該当書籍の改訂版刊行月末日までといたします。

乱丁・落丁による交換は、該当書籍の改訂版刊行月末日までといたします。なお、書籍の在庫状況等
により、お受けできない場合もございます。
また、各種本試験の実施の延期、中止を理由とした本書の返品はお受けいたしません。返金もいたし
かねますので、あらかじめご了承くださいますようお願い申し上げます。

TACにおける個人情報の取り扱いについて
■お預かりした個人情報は、TAC(株)で管理させていただき、お問合せへの対応、当社の記録保管にのみ利用いたします。お客様の同意なしに業務委託先以外の第三者に開示、提供することはございません(法令等により開示を求められた場合を除く)。その他、個人情報保護管理者、お預かりした個人情報の開示等及びTAC(株)への個人情報の提供の任意性については、当社ホームページ
(https://www.tac-school.co.jp)をご覧いただくか、個人情報に関するお問い合わせ窓口(E-mail:privacy@tac-school.co.jp)までお問合せください。

022年7月現在)